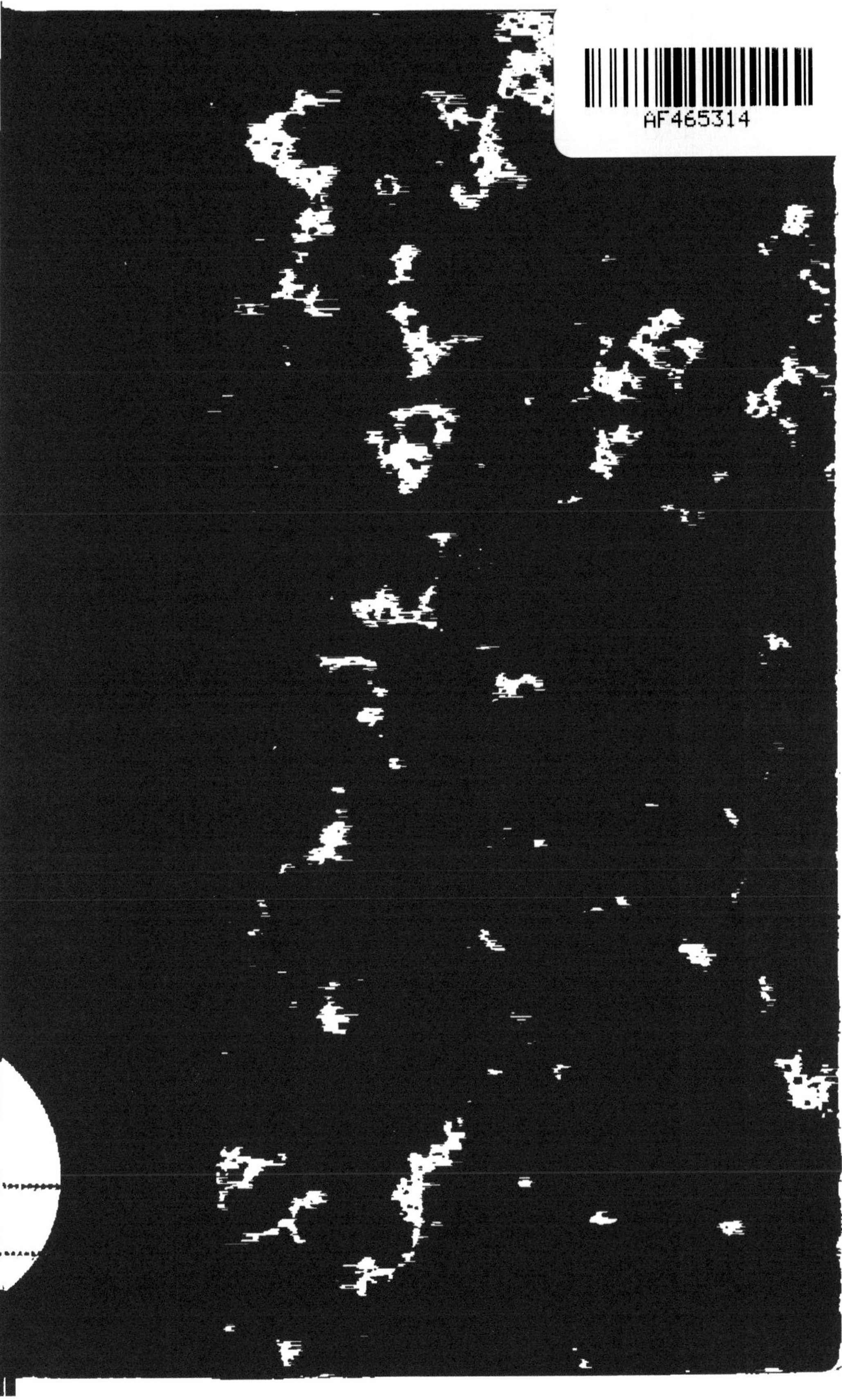

LE SOUVENIR
DES
BRAVES.

On trouve chez LÉCRIVAIN, Libraire

— *Victoires et Revers des Armée Françaises*, 1 Vol. in-18, orné d'u gravure.

— *Histoire des Maréchaux France*, 1 vol., *idem*.

— *Histoire des Généraux, Officie de tout grade et de toute arme, etc* ; vol., *idem*.

DÉVOUMENT A LA GLOIRE NATIONALE.

Deux Grenadiers français arrêtent par leur Courage et leur Contenance vraiment héroïques une Compagnie d'anglais et d'Ecossais qui s'avançaient contr'eux, après la Déroute de Waterloo.

VINGT-CINQ ANS DE GLOIRE,

OU

LE SOUVENIR DES BRAVES;

Recueil de Faits éclatans et d'Actions mémorables, à la gloire du nom Français, entremêlés d'Anecdotes militaires et de Notices biographiques sur plusieurs de nos Généraux, Officiers, etc.

« L'armée française a étendu le voile de sa
» gloire sur le tableau hideux de la révolution ;
» elle a enveloppé les plaies de la patrie dans
» les replis de ses drapeaux triomphans ; elle jeta
» sa vaillante épée dans un des bassins de la balance, pour servir de contrepoids la hache
» révolutionnaire. »

M. DE CHATEAUBRIAND.

PARIS,

L'ÉCRIVAIN, LIBRAIRE, Boulevard des Capucines, N°. 1.

1818.

PRÉFACE.

QUAND la guerre éclata, en 1792, la Nation française défendit avec un enthousiasme digne des temps héroïques la cause de son indépendance. Nos soldats, étrangers à tous les égaremens, et détestant tous les crimes qui souillèrent cette époque de notre histoire, n'étaient animés que du désir de repousser l'invasion. La fortune sourit aux premiers essais d'une armée, plus dévouée qu'habile, qui attendait la victoire des inspirations du courage. Plus tard, l'enthousiasme de la liberté fit place à l'amour de la gloire. On attacha plus de prix aux qualités du guerrier qu'aux vertus du citoyen. La France dicta des lois à l'Europe ; mais rassasiée de gloire, elle s'étonna d'entendre encore parler de conquête. La fortune dont une volonté inflexible avait tant de fois lassé la constance, se démentit enfin. Le courage de l'armée ne se démentit pas. Au milieu des revers dont son chef était l'auteur, et dont elle n'était que la victime, sa fermeté fut inébranlable ; et peut-être montra-t-elle plus de grandeur en 1814, quand, réduite à un petit nombre de braves, elle arrêtait toutes les armées de l'Europe, à vingt lieues de la Capitale, que lorsqu'elle campait victorieuse sous les remparts de Vienne, ou près des tours du Kremlin. Ainsi brilla notre gloire militaire, comme ces jours resplendissans de l'éclat le plus pur à leur aurore, ardens à leur midi, et jetant encore de vives clartés, au milieu des nuages d'un couchant triste et sombre.

Quelle gloire accompagna le début de notre longue carrière militaire ! Quel assemblage d'actions mémorables ! et s'il est permis de s'exprimer ainsi, quelle variété dans l'héroïsme ! Là, sur les hauteurs de Valmy, Kellermann, élevant son chapeau sur la pointe de son épée, l'agite à la vue de l'armée, et s'écrie : *Vive la Patrie ! allons vaincre pour elle !* Et ce mot, répété sur toute la ligne, sera long-temps désormais le gage de la victoire. Ici, une forteresse défendue par cent pièces de canon et quatre cents hommes (1) se rend à quatorze dragons français. La scène change. Au bruit de deux cents bouches à feu qui les foudroient, au milieu du fracas de leurs remparts qui s'écroulent, à la lueur de leurs maisons qui s'embrâsent, les braves habitans d'une de nos cités (2) jurent de mourir plutôt que de se rendre, et l'opiniâtreté de l'attaque la plus meurtrière cède à l'héroïsme de la dé-

(1) Villefranche, dans le comté de Nice.

(2) Lille.

fense. Au même moment, Mayence, cette place qui passait pour imprenable, ce boulevard de la Germanie, se rendait au général Custine qui n'avait eu que la peine de se présenter sous ses murs. Nos troupes préludaient par d'aussi brillans faits d'armes à cette bataille de Jemmappes, où Dumouriez fit les dispositions d'un capitaine habile, où le général Dampierre s'immortalisa par les actions d'un héros, et qui ouvrit pour la première fois la route des Pays-Bas à nos armées victorieuses.

Ces combats si importans par leurs résultats, si dignes de remarque par le caractère de bravoure et d'enthousiasme qu'y déployèrent les troupes françaises, méritent encore un autre genre d'intérêt. On y voit figurer, pour la première fois, des hommes qui, la plupart, simples officiers dans l'armée, s'associant dès-lors à tous ses travaux, mêlant leurs noms à tout ce qu'elle a fait de grand, sont parvenus, par leurs exploits, au faîte des honneurs militaires. Les remparts de Lille comptaient parmi leurs défenseurs le capitaine Marescot (1). Au combat de Château-Pignon, le capitaine Moncey (2) s'élançait à la victoire, à la tête des chasseurs Calabres. Les carrés autrichiens, à la prise d'Arlon, sont enfoncés par l'artillerie légère du colonel Sorbier (3). En présence des troupes espagnoles, Pérignon (4), colonel aussi, rallie ses troupes ébranlées, en se plaçant comme simple

---

(1) Lieutenant-général.
(2) Maréchal de France.
(3) Lieutenant-général d'artillerie.
(4) Maréchal et Pair de France.

fusilier dans leurs rangs. Dans le nombre des officiers qui ne signèrent la capitulation de Valenciennes que sur ses murs réduits en cendres, on distingua déjà les capitaines Dambarrère et Lauriston (1). Voilà par quels chemins se sont élevés ces guerriers qui servent encore aujourd'hui leur Roi et leur pays.

Ces guerriers, s'animant entre eux de la plus noble émulation, ont

(1) Lieutenans-généraux, Pairs de France.

rempli, pendant vingt-cinq ans, l'Europe entière du bruit de leurs exploits et de leur renommée.

Nous ne pouvons mieux commencer le recueil consacré à la gloire de ces braves, qu'en donnant la liste des batailles livrées par les armées françaises, depuis 1792 jusqu'en 1815.

MÉMORIAL

DES

ARMÉES FRANÇAISES,

OU Table chronologique des Batailles livrées par les Français, depuis 1792 jusqu'en 1815.

BATAILLE DE TOURNAI. Les Autrichiens, commandés par le général d'Happoncourt, s'étant avancés sous les murs de Tournai, y attaquèrent les Français, commandés par le général Théobald Dillon. 1792

— DE QUIÉVRAIN. Les Français, aux ordres de M. de Biron, furent battus par les Autrichiens, commandés par le baron de Beaulieu et le colonel Fischer, le 28 avril 1792

— DE SAINT-AUBIN ou de FLORENNE. Les Autrichiens, commandés par le général-major comte de Staray, y défont les Français, aux ordres de M. de Gouvion, 23 mai 1792

— DE MAUBEUGE. L'avant-garde de l'armée française, dont M. de la Fayette était le commandant en chef, attaque, sous le commandement de M. de Gouvion, les Autrichiens, et les culbute, 11 juin 1792

— DE FONTOY. L'armée française, aux ordres du maréchal de Luckner, y bat vingt-deux mille Autrichiens, le 19 août 1792

— DE MAULDE (du camp). Un corps de quinze mille Autrichiens, commandés par le duc de Saxe-Teschen, y est défait par les Français, 31 août 1792

— DE LA CROIX-AUX-BOIS. Les Français, commandés par le général Chazot, y défont les Autrichiens, 14 septembre 1792

— DE VALMY. L'armée francaise, commandée par M. le maréchal Kellermann, ayant sous ses ordres les généraux Valence, Beurnonville et Després-Crassier, y bat l'armée prussienne et autrichienne, 20 septembre 1792

— DE JEMMAPPES. L'armée française, commandée par le général Dumouriez, y bat l'armée autrichienne aux ordres du duc de Saxe-Teschen, 6 novembre 1792

— D'ANDERLECHT. Un corps de l'armée autrichienne y est battu par les Français, aux ordres du général Dumouriez, 13 novembre 1792

— DE LIÉGE. L'armée française, commandée par le général Dumouriez, y bat les Autrichiens, 27 novembre 1792

— D'ALTENHOWEN. Les Autrichiens battirent, près d'Altenhowen, les Français, commandés par le général Stengel, le 1er. mars 1793

— D'ESCHEIWEILLER, 2 mars 1793

— DE NERWINDE. Les Autrichiens, sous le commandement du prince de Cobourg, y battent les Français, commandés par le général Dumouriez, 17 mars 1793

— DE FAMARS, dite aussi de RAISME ou de SAINT-AMAND. Le général Dampierre, qui avait succédé à Dumouriez dans le commandement de l'armée du Nord, résolut de livrer une bataille définitive, qu'il perdit avec la vie, le 6 mai 1793

— DE FAMARS, dite aussi de VALENCIENNES. Les coalisés attaquent les Français sur toutes leurs lignes à la fois, les forcent à reculer, et s'emparent du camp retranché de Famars, le 23 mai 1793

— DE VALCARLOS, dans les Pyrénées occidentales. Les Français y défont les Espagnols, le 23 mai 1793

— DE BOUSBECQ. Les Français commandés par le général Lamarlière, y défont les troupes hollandaises, le 24 mai 1793

— DE SAINT-JEAN-PIED-DE-PORT. Les Français y sont battus par les Espagnols. Lagenetière y fut fait prisonnier, 6 juin 1793

— DE BROUIS. Les Français commandés par le général Brunet, y battent les Piémontais, le 8 juin 1793

— D'ARLON. Les Français, sous le commandement des généraux Houchard, Tolosan, Delange, Labaudère et Beauregard, y battent les Autrichiens, le 9 juin 1793

— DE VALENCIENNES. La garnison française de cette place fait une sortie vigoureuse sur les Autrichiens. Les Français avaient pour commandant M. le général Ferrand, 17 juin 1793

— D'HERXHEIM. Les Français, sous le commandement du général Custine, commencèrent à faire plier les Autrichiens; mais les instructions données au général Ferrières n'ayant pas été exécutées, les Français furent repoussés et obligés à la retraite, 17 juin 1793

— D'ANDAYE et de la CROIX-DES-BOUQUETS. L'armée française, aux ordres du général Servan, y défait les Espagnols, 21 et 23 juin 1793

— DE MAS-DE-SERRE, aux Pyrénées occidentales. Les Français, commandés par le général de Flers, ayant sous ses ordres les généraux Dagobert, Lamartillière et Barbantane, y battent les Espagnols, les 16 et 17 juillet 1793

— DE LA CHAPELLE-SAINT-ANNE, le 22 juillet 1793

— DE PIÉTRI, 13 juillet 1793

— D'IRUN. Les Français, commandés par le général Labourdonnaye et le brave Latour-d'Auvergne, y battirent les Espagnols qui étaient commandés par le général Caro, 23 juillet 1793

— DES ALDUDES, 6 août 1793

— D'HONDSCOOTE, dite aussi POPERINGUE. L'armée française y bat l'armée anglo-autrichienne, 7, 8 et 9 septembre 1793

— DE DEUX-PONTS ou de PERMESENS, 14 septembre 1793

— DE PEIRES-TORTES, 18 septembre 1793

— DE WATIGNIES, dite aussi de MAUBEUGE. L'armée française, commandée par M. le maréchal Jourdan, y bat l'armée autrichienne, 17 octobre 1793

— DE GILLETTE (combat du pont). Les Français y battent les Piémontais, les 17 et 18 octobre 1793

— DE HORNBACH ou de DEUX-PONTS. Les Français y battent les Autrichiens et leurs alliés, le 20 novembre 1793

— DE WERTH ou de FRESCHWEILLER.

Le général Hoche, commandant l'armée française, y bat l'armée prussienne, le 22 décembre 1793

— DE GEISBERG. L'armée française, aux ordres du général Hoche, y bat les Autrichiens et leurs alliés, 26 et 27 décembre 1793

— DU TEXEL. Pendant l'hiver de 1794, les Français, après avoir fait la conquête de la Hollande, portèrent leurs armes victorieuses sur les vaisseaux de cette puissance, qui étaient retenus en mer par une glace profonde qui les empêchait de se mouvoir. Plusieurs escadrons de cavalerie furent détachés pour attaquer la flotte, défendue par les marins qui en formaient les équipages; mais la valeur et l'intrépidité française triomphèrent bientôt des efforts des Hollandais, et leurs vaisseaux, semblables à des citadelles dont on formait le siége, se rendirent à la cavalerie française, qui y fit sur-le-champ arborer de nouveaux pavillons, janvier 1794

— DE SPIRE et de GEMERSHEIM, janvier 1794

— DE SAINT-JEAN-DE-LUZ. L'armée

française y bat les Espagnols, 5 février 1794

— DE FOUGASSE. Les Français y battent les Piémontais, avril 1794

— D'URGEL. Le général f[illegible]nçais Dagobert, après avoir battu [illegible] Espagnols à Monteilla, les atta[illegible] nouveau près d'Urgel et les [illegible], avril 1794

— DE PONTE-DI-NAVA. L'armée française, aux ordres du maréchal Masséna, y bat les Autrichiens et les Piémontais, 16, 17 et 18 avril 1794

— D'ARLON. L'armée française, commandée par le maréchal Jourdan, y bat l'armée autrichienne, le 18 avril 1794

— D'AUSSOY, le 22 avril 1794

— DE LA TUILE, le 27 avril 1794

— DE MOESCROEN. Les Français y battent complètement les Autrichiens et les Hanovriens, le 29 avril 1794

— DES ALBÈRES. L'armée française, aux ordres du général Dugommier, y bat les Espagnols, le 27 et 30 avril 1794

— DE COURTRAI. Les Français, commandés par le général Pichegru, y battent l'armée autrichienne, 29 avril 1794

— DE SAORGIO, 29 avril et jours suivans, 1794

— DE THUIN. Les Français, aux ordres du général Moreau, y battent les Autrichiens, le 10 mai 1794

— DE TOURNAI, dite aussi de TURCOING. L'armée française, commandée par le général Pichegru, y bat l'armée des coalisés, mai 1794

— DE KAISERLAUTERN, le 23 mai 1794

— DE LOBBES, le 24 mai 1794

— DE COLLIOURE. L'armée française, commandée par le général Dugommier, y bat les Espagnols, 26 mai 1794

— D'OUESSANT (naval). La flotte française, commandée par l'amiral Villaret-Joyeuse, y bat la flotte anglaise, aux ordres de l'amiral Howe, juin 1794

— D'AOST (de la vallée), juin 1794

— D'HOOGLÈDE et de ROUSSELAER ou de LONGMARQ. L'armée française y bat l'armée des coalisés, 10 et 15 juin 1794

— DE LA CROIX-DES-BOUQUETS, 23 juin 1794

— DE FLEURUS. L'armée française, commandée par M. le maréchal Jourdan, bat l'armée des coalisés, le 26 juin 1794

— DE SOMBREF, le 1er juillet 1794

— DE FREIBACH et de TRIRSTADT. Les Français, commandés par le général Moreau-de-Rocroi, y battent les Prussiens et leurs alliés, du 2 au 14 juillet 1794

— DE BASTAN (de la vallée). Les troupes françaises, aux ordres du général Moncey, battent les Espagnols sur toutes leurs lignes, vers la fin de juillet 1794

— DE FONTARABIE. Les Français, aux ordres de M. le général Moncey, battent les Espagnols devant cette place, et s'en emparent, le 1er août 1794

— DE SAN-LORANZO-DE-LA-MOUGA, dite aussi BOULON. L'armée des Pyrénées orientales, commandée par le général Dugommier, y bat les Espagnols, le 13 août 1794

— d'Aspe, le 4 septembre 1794

— de Boxtel, 14 septembre 1794

— de la Chartreuse ou de Spirmont, dite aussi de l'Ourthe. Le maréchal Jourdan bat les Autrichiens, 18 septembre 1794

— de Bellegarde, le 21 septembre 1794

— de Caïro, le 21 septembre 1794

— d'Aldenhoven. L'armée de Sambre-et-Meuse, commandée par le maréchal Jourdan, y bat l'armée autrichienne, le 2 octobre 1794

— de Burguet, près de Roncevaux, du 16 au 18 octobre 1794

— de la Montagne-Noire. L'armée des Pyrénées orientales, aux ordres du général Dugommier, y bat les Espagnols; mais les Français eurent à regretter le général en chef Dugommier, qui fut emporté d'un obus, le 15 novembre 1794

— d'Escola, du 20 au 27 novembre 1794

— de Bergara. Le général Moncey y

bat les Espagnols, le 28 novembre 1794

— DE LA FLUVIA. Le général Schérer, commandant l'armée des Pyrénées occidentales, y bat les Espagnols, le 14 juin 1795

— DE BELLE-ILE (naval), le 23 juin 1795

— DE QUIBÉRON, le 16 juillet 1795

— DE LA CERINE, le 1er. septembre 1795

— DU RHIN (passage). L'armée de Sambre-et-Meuse, commandée par le maréchal Jourdan, ayant sous ses ordres les généraux Kléber, Lefebvre, Grenier, Championnet, Legrand, Jacopin et Tilly, passe le Rhin entre Dusseldorf et Duisbourg, et force à la retraite l'armée autrichienne, commandée par les maréchaux de Wurmser et Clairfait, le 8 septembre 1795

— DU TEXEL (naval), 11 octobre 1795

— DE LOANO. L'armée d'Italie, aux ordres du général Schérer, y bat l'armée austro-sarde, les 23 et 24 novembre 1795

— DE KREUZACH, le 30 novembre 1795

— DE MONTENOTE. L'empereur y bat l'armée austro-sarde, le 11 avril 1796

— DE MILLESIMO. Le général Bonaparte y bat l'armée des austro-sardes, le 14 avril 1796

— DE DÉGO, DE CÉVA et de MONTÉSÉMO. Le général Bonaparte y bat l'armée impériale et sarde, les 15, 16 et 17 avril 1796

— DE VICO et de MONDOVI. Le général Bonaparte y bat l'armée austro-sarde, les 21 et 22 avril 1796

— FOMBIO ou CODOGNO et passage du Pô. Le général Bonaparte bat l'armée impériale, commandée par le général Beaulieu, les 7 et 8 mai 1796

— DU PONT DE LODI. Le général Bonaparte, ayant sous ses ordres les généraux Berthier, Masséna, Augereau et Lannes, y bat complètement l'armée impériale, 10 mai 1796

— de Borghetto et de Peschiera, passage du Mincio. Le général Bonaparte y bat les Impériaux, 29, 30 mai et 1er. juin 1796

— de la Sieg (combat sur les bords), d'Henef et d'Altenkirchen. L'armée de Sambre-et-Meuse, commandée par le général Jourdan, y bat l'armée autrichienne, commandée par l'archiduc Charles, 1er. juin 1796

— du Rhin (passage), et batailles de Wiltett et de Renchen. L'armée de Rhin-et-Moselle, aux ordres du général Moreau, passe le Rhin au-dessus de Kehl, le 24 juin, et bat les Autrichiens à Wiltett et à Renchen, dans les derniers jours de ce mois 1796

— de Desensano et Lonado. Les Français, commandés par le général Junot, battent les Impériaux dans les premiers jours de juillet 1796

— de Freudenstadt, 4 juillet 1796

— de Radstadt. L'armée de Rhin-et-Moselle, aux ordres du général Moreau, y bat l'armée autrichienne, le 5 juillet 1796

— D'ETLINGEN. L'armée de Rhin-et-Moselle, aux ordres du général Moreau, y bat l'armée autrichienne, le 9 juillet 1796

— DE LODRON, 13 juillet 1796

— D'ESLINGEN et de CANDSTADT, le 21 juillet 1796

— DE CASTIGLIONE. Le général Bonaparte, ayant sous ses ordres les généraux Masséna, Augereau, Mortier et Serrurier, y bat l'armée impériale, le 5 août 1796

— DE NÉRESHEIN, d'HEYDENAEIM et de KAMLACH. L'armée de Rhin-et-Moselle, commandée par le général Moreau, y bat les Autrichiens, commandés par le prince Charles, les 11 et 13 août 1796

— D'AMBERG, le 17 août 1796

— DE FRIEDBERG. L'armée de Rhin-et-Moselle, commandée par le général Moreau, bat, près de Friedberg, l'armée autrichienne, le 24 août 1796

— DE GEISENFELD ou de PFAFFENHOFEN, le 1er septembre 1796

— DE VURZBOURG, le 2 septembre 1796

— DE SÉRAVALLE, le 3 septembre 1796

— DE ROVÉRÉDO. Le général Bonaparte y bat l'armée impériale, le 4 septembre 1796

— DE PRIEMOLAN et de la BRENTA, le 7 septembre 1796

— DE BASSANO. Le général Bonaparte, ayant sous ses ordres le général Murat, y bat l'armée impériale, 8 septembre 1796

— DE MUNICH ou de DACHAW. et de NEUBOURG, 10 et 14 septembre 1796

— DE SAINT-GEORGES ou de MANTOUE. Le général Bonaparte y bat la garnison de Mantoue, 14 et 15 septembre 1796

— D'ALTENKIRCHEN. C'est à cette affaire que le général Marceau fut blessé mortellement, 19 septembre 1796

— DE BIBERACH, 2 octobre 1796

— DE ROTHWEL, de WILLENGEN, du VAL-D'ENFER, de NEUSTADT, les 9 octobre et jours suivans 1796

— de Waldkirk ou de Kentzingen, 19 octobre 1796

— de Schliengen, le 23 octobre 1796

— de Neuwied. L'armée française de Sambre-et-Meuse bat l'armée impériale, le 23 octobre 1796

— de Kayserlautern et de Creutznach. La même armée bat les Autrichiens sur toutes les lignes, depuis Kayserlautern jusqu'à Creutznach, et leur enlève quatre camps, 26 octobre 1796

— d'Arcole. Le général Bonaparte bat l'armée impériale, commandée par le feld-maréchal d'Alvinzi, les 15, 16 et 17 novembre 1796

— de Kehl et d'Huningue, 22 et 24 novembre 1796

— de Rivoli et de la Favorite, les 12, 13, 14, 15 et 16 janvier 1797

— de Trente. Un corps de l'armée d'Italie, commandée par le général Joubert, s'empare de cette ville, du 28 janvier au 3 février 1797

— DE SAINT-VINCENT (naval), le 14 février 1797

— DE TAGLIAMENTO et de GRADISKA. Le général Bonaparte bat l'armée autrichienne, aux ordres de l'archiduc Charles 15 et 19 mars 1797

— DE BOTZEN. Un corps de l'armée d'Italie, commandé par les généraux Dumas et Vial, y bat un corps de l'armée autrichienne, aux ordres du feld-maréchal de Laudon, le 22 mars 1797

— DE TARVIS, le 25 mars 1797

— D'ARTENKIRCHEN, le 16 avril 1797

— DE DIERDORF, le 17 avril 1797

— DE NEUWIED, les 17 et 18 avril 1797

— DE DIERSHEIM. L'armée de Rhin-et-Moselle bat les Autrichiens, et prend sur eux Offembourg et le fort de Kehl, les 20 et 21 avril 1797

— DE MALTHE. Le général Bonaparte fait la conquête de cette île, 12 juin 1798

— DE CHEBRISSE. Le général Bonaparte, après avoir pris les villes d'Alexandrie, de Rosette, de Demenhour, et battu les Mameloucks et les Arabes à *Rahmanié*, leur livre la sanglante bataille de Chebreisso, qu'il gagne sur eux, le 13 juillet 1798

— DES PYRAMIDES. Le général Bonaparte bat l'armée des Mameloucks, commandée par Mourad-Bey, le 22 juillet 1798

— D'ABOUKIR (naval). L'escadre française, forte de treize vaisseaux de ligne, quatre frégates et deux bombardes, aux ordres de l'amiral Brueys, y est détruite par la flotte anglaise, commandée par l'amiral Nelson, 2 août 1798

— DE SALEHIEH, le 11 août 1798

— DE KILLALA et de CASTELBAR, août et septembre 1798

— DE SÉDINAN, le 8 octobre 1798

— DE FAIOUM, le 9 octobre 1798

— DE CIVITA-CASTELLANA, le 4 décembre 1798

— D'OTRICOLI. Le général Macdonald y bat les Napolitains, le 6 décembre 1798

— DE CALVI. Le général Macdonald,

secondé du général Calvin et de huit cents Français, y fait mettre bas les armes à quatre mille Napolitains de l'armée du général Mack, le 9 décembre 1798

— DE LUCIEN-STEIG, dans les Grisons. L'armée française, aux ordres du général Masséna y bat l'armée autrichienne, commandée par le général Auffemberg, qui y fut fait prisonnier. Cette victoire mit la ville de Coire et de tout le pays des Grisons au pouvoir des Français, 6 et 7 mars 1799

— DES ENGADINES et de SCHULTZ, 15 et 16 mars 1799

— D'OSTRACK ou de PFULENDORF et de STOCKACH ou de LIPTINGEN. L'armée autrichienne, forte de quatre-vingt mille hommes, aux ordres du prince Charles, ayant sous lui les généraux Hotze, Laudon, Bellegarde et Jellachich, y bat l'armée française, aux ordres du général Jourdan, qui n'avait que trente-quatre mille hommes à lui opposer, 21, 25, 26 et 27 mars 1799

— DE FINSTERMUNSTER, NAUDERS et CLARENS, 24 mars et jours suivans 1799

— DE L'ADIGE et de SAINTE-LUCIE, de

Saint-Maximin, de Vérone et de Legnaco. Les divisions de l'armée d'Italie, commandées par le général Victor, les généraux Moreau, Hatri, Delmas, Grenier et Serrurier (*Schérer, général en chef*), y battent les Autrichiens, commandés par les généraux Miackwitz, Liptay et Kaïn, 26 mars et jours suivans . 1799.

— de Vérone ou de Magnano. L'armée autrichienne, commandée par le feld maréchal Kray, y bat l'armée française d'Italie aux ordres du général Schérer, le 5 avril 1799

— de Mont-Thabor, ou d'Edrelon. Le général Bonaparte, ayant sous ses ordres Murat, les généraux Kléber, Rampon, Bon, Vial et Lemucq, y met en déroute l'armée des Mameloucks, des Syriens et des Samaritains, les 15 et 16 avril 1799

— de Cassano. L'armée française d'Italie, aux ordres du général Moreau, y est battue par l'armée austro-russe, commandée par le feld-maréchal Souwarow, le prince Hohenzollern, et les généraux Mélas, Rosemberg, de Chateler, Wurkassowich, Ott et Zop, 27 avril 1799

— DE BASSIGNANA. L'armée française, d'Italie, commandée par le général Moreau, ayant sous lui le duc de Bellune, les généraux Grenier, Gardanne, Quesnel et Garreau, y bat l'armée autro-russe, commandée par les généraux Souwarow, Rosemberg et Schubarf (ce dernier y fut tué), 12 mai 1799

— D'ALEXANDRIE ou de VALENCE. L'armée austro-russe, aux ordres des généraux Souwarow, Mélas et Wuskassowich, y bat l'armée française aux ordres du général Moreau, le 16 mai 1799

— DE WINTHER-THUR. L'armée d'Helvétie, aux ordres du général Masséna, y bat l'armée autrichienne, commandée par le prince Charles, 25 mai 1799

— DE BREMGARTEN. Le général Soult, commandant une division de l'armée d'Helvétie, y bat les Autrichiens, le 8 juin 1799

— DE MODÈNE. L'armée de Naples, aux ordres du général Macdonald qui opérait sa retraite, y bat l'aile gauche de l'armée austro-russe, le 12 juin 1799

— DE LA TRÉBIA OU de SAN-GIOVANI. L'armée austro-russe, commandée par les généraux Souwarow, le prince Bagration Koubarow, Mélas, Ott, Frœlich et Rosemberg, y bat l'armée française, commandée par le général Macdonald. Cette bataille dura trois jours, on y brûla cinq millions de cartouches et on tira au moins soixante et dix mille coups de canon. Les austro-russes ne durent leurs succès qu'à leur grande supériorité dans le nombre des combattans; les Français y firent des prodiges de valeur; ils y perdirent le général Cambray, du 17 au 20 juin 1799

— D'ABOUKIR. L'armée d'Orient, sous les ordres du général Bonaparte, y met les Ottomans dans une déroute complète, leur tue dix mille hommes, et en précipite dix mille dans la mer, 25 juillet 1799

— DE ZURICH, de SAINT-GOTHARD et de GUECHENIN. Les Autrichiens, commandés par les généraux Jellachich et Simpschen, y sont battus par l'armée d'Helvétie, commandée par le maréchal prince d'Eslingen, ayant sous ses ordres les généraux Lecourbe, Godin et Loison, les 14, 15 et 16 août 1799

— DE NOVI. Joubert mourut à cette bataille, 15 août 1799

— DU HELDER. La flotte hollandaise, forte de douze vaisseaux de ligne, portant six cent trente-deux pièces de canon, méconnaît les ordres du brave amiral Story, refuse de combattre, et se livre lâchement à la flotte anglaise, commandée par l'amiral Mitchell. La nouvelle marine hollandaise doit avoir à cœur de déchirer cette page de l'histoire. C'est un appel à son honneur!.... 30 août 1799

— D'ALKMAER, 9 et 10 septembre 1799

— DE BERGHEN. L'armée française, commandée par le général Brune, bat complètement l'armée anglo-russe, 18 septembre 1799

— DE ZURICH ou de DIETTIKON, du MUTTENTHAL, de CONSTANCE, d'ANDELFINGEN. L'armée française, commandée par le général Masséna, ayant sous ses ordres les généraux Oudinot, Mortier, Soult, Gazan, Bontemps, Guétare, Laval, Klein et Ménard, y bat l'armée austro-russe aux ordres du feld-maréchal Souwarow et des généraux Korsakow, Hotze, Lincken et Jellachich. Le général Hotze fut tué au commencement de l'action, engagée devant Zurich, 25 septembre au 7 octobre 1799

— DE KASTRICUM, le 18 octobre 1799
Le duc d'Yorck, après la perte de cette bataille, fut obligé de capituler.

— DE BOSCO, le 23 octobre 1799

— DU NECKER et de PHILIPSBOURG. Les divisions de l'armée du Rhin, commandées par les généraux duc d'Elchingen, Delaborde, Decaen et Baraguey-d'Hilliers, y attaquent et culbutent toute la ligne de l'armée autrichienne, le 16 novembre 1799

— DE SAVIGLIANO, ou de GÉNOLA et de MOROZZO. L'armée française d'Italie, aux ordres du général Championnet, y est battue par l'armée autrichienne, commandée par le général Mélas, les 4 et 5 novembre 1799

— D'HÉLIOPOLIS ou de MATARISCH. Le général Bonaparte, en quittant l'Egypte au mois d'août 1799, avait laissé le commandement de cette armée au général Kléber, qui battit les Turcs à Héliopolis, le 20 mars 1800

— DU CAIRE. L'armée française reprend le Caire sur les Turcs, et reconquiert entièrement l'Egypte; Mourad-Bey, l'un des principaux chef des Mameloucks, se réunit aux Français, le 28 avril 1800

— D'ENGEN ou de STOCKACH, le 3 mai 1800

— DE MOESKIRCK. L'armée du Rhin, commandée par le général Moreau, ayant sous ses ordres les généraux mentionnés ci-dessus, auxquels il faut ajouter les généraux Bastoul, Goulus, Walter, Montrichard, Desperières et Durosnel, y bat l'armée autrichienne, commandée par le général Kray, le 5 mai 1800

— DE RIBERACH. L'armée du Rhin, commandée par le général Moreau, y bat l'armée autrichienne aux ordres du général Kray. Les généraux français Thureau, Saint-Cyr, Baraguey-d'Hilliers, Richepanse, Durutte et Digonnet, y firent des prodiges de valeur, le 9 mai 1800

— D'AOSTE et de CHATILLON. Le général Dannes, à la tête de l'avant-garde de l'armée d'Italie, commandée par Napoléon en personne, y culbute les Autrichiens, et se rend maître de ses positions, les 16 et 17 mai 1800

— DE SAINT-LAURENT-DU-VAR. Le général Suchet, commandant un corps de l'armée aux ordres du maréchal prince d'Eslingen, y bat les impériaux, commandés par le feld-maréchal de Mélas, le 24 mai 1800

— DE MONTEBELLO ou de CASTEGGIO. L'armée française, commandée par le général Bonaparte, y bat l'armée autrichienne, commandée par les généraux Mélás et Ott, le 9 juin 1800

— DE MARENGO. L'armée française d'Italie, commandée par le premier consul, ayant sous ses ordres les généraux Murat, Eugène Beauharnais, Lannes, Berthier, Victor, Desaix, Carra-Saint-Cyr, Watrin, Rivaux, Maynoni, Champeaux, Boudet, Chambarlhac, Gardanne, Chabran et Lapoype, y bat l'armée autrichienne, commandée par les généraux Mélas, Oreilli, Kaim, Haddick, Ott et Elnitz, le 14 juin 1800

— D'HOCHSTEDT. L'armée du Rhin, commandée par le général Moreau, ayant sous ses ordres les généraux Grenier, Lecourbe, Godin, Richepanse, Montrichard et d'Hautpoult, y bat l'armée autrichienne, commandée par les généraux Kray, Starray, Nauerdorf et Kluglin, le 20 juin 1800

— DE NEDERSHEIM, NORDLINGEN, OBERSHAUSEN et NEUBOURG. Les divisions de l'armée française du Rhin, aux ordres du général Moreau, des généraux mentionnés plus haut, et auxquels il faut ajouter les généraux Schiner et Cœhorn, y battent les Autrichiens, les 28 juin et jours suivans, 1800

—DE FELDKIRCK et de CO RE. Un corps de l'armée du Rhin, aux ordres des généraux Lecourbe et Dornemans, battent les Autrichiens, les 15 juillet et jours suivans, 1800

— DE LA COROGNE et du FERROL Les Anglais y opèrent un débarquement de quinze mille hommes, sous le commandement du lord Pultney; mais ils sont aussitôt battus et repoussés, le 25 août 1800

— D'ASCHAFFENBOURG. L'armée, aux ordres du maréchal Augereau, duc de

Castiglione, y bat les Autrichiens et les Mayençais, le 24 novembre 1800

— D'APFINGEN. L'armée du Rhin, commandée par le général Moreau, y bat l'armée autrichienne, le 30 nov. 1800

— DE HOHENLINDEN. L'armée du Rhin, commandée par le général Moreau, ayant sous ses ordres les généraux Ney, duc d'Elchingen, Grenier, Grouchy, Legrand, d'Hautpoult, Richepanse, Decaen, Colaud, Grandjean, Walther, Drouet, Bastoul, Debilly, Bonnet, Kniazewitz, Boyer, Espagne et Durutte, y bat l'armée autrichienne, le 3 décembre 1800

— DE SALTZBOURG ou de WAAL et de NEUMARCK, les 14 décembre et jours suivans, 1800

— DU SPLUGEN et de STORN. Le maréchal Macdonald, duc de Tarente, commandant l'armée française dans les Grisons, fait effectuer à ses troupes le célèbre et périlleux passage du *Splugen*, et par cette habile manœuvre établit sa communication avec l'armée d'Italie, 15 décembre et jours suivans, 1800

— DE NUREMBERG, le 18 déc. 1800

— DE L'ENS, de la SALZA, de l'INN et

de la TRAUN (combats le long des rives.) L'armée du Rhin, commandée par le général Moreau, y bat continuellement les Autrichiens, et porte son avant-garde à moins de vingt lieues de Vienne, en décembre 1800

— DE MONZABANO ou de VALEGGIO. L'armée d'Italie, commandée par le maréchal Brune, y bat l'armée autrichienne, commandée par le feld-maréchal Bellegarde et le prince de Hohenzollern, le 25 décembre 1800

— DE COPENHAGUE. La guerre qui continue toujours entre la France et l'Angleterre, porte celle-ci à attaquer les Danois, alliés des Français, à bombarder Copenhague d'une manière foudroyante, et à enlever tous les vaisseaux qui défendaient ce port. Ce fut l'amiral Nelson qui commanda cette expédition britannique, le 2 avril 1801

— D'ALEXANDRIE et de BELBEYS. L'armée française en Egypte, ayant perdu son chef, le général Kleber, par un odieux assassinat, le 14 juin 1800, le général Menou fut nommé pour lui succéder. Il eut à soutenir tous les efforts des Anglais et des Turcs réunis, qui l'attaquèrent à plusieurs reprises sous les murs d'Alexandrie. Dans la dernière affaire qui eut lieu devant cette place, le général anglais, sir Ralph-Albercrombie, fut tué; les Français eurent à regretter, de leur côté, le général Lannusse, 21 mars et 19 mai 1801

— D'ALGÉSIRAS (naval). Une escadre française de trois vaisseaux de ligne et d'une frégate, commandée par le contre-amiral Linois, y bat une escadre anglaise aux ordres de sir John de Saumarez, composée de six vaisseaux de ligne, d'une frégate et d'un lougre; les Anglais y perdirent l'*Annibal*, de soixante-quatorze canons, 5 juillet 1801

— DE BOULOGNE, les 4 et 15 août 1801

— DE L'ILE D'ELBE. Les Français, après un combat meurtrier, forcent les Anglais à regagner leurs vaisseaux, après avoir perdu près de douze cents hommes, sur trois mille qu'ils avaient débarqués, 14 septembre 1801

— DE SAINTE-MARIE (naval). Sans avoir

déclaré la guerre à l'Espagne, l'Angleterre fait attaquer un convoi espagnol qui voyageait sous la foi des traités, et enlève, à la hauteur de Sainte Marie, après un combat très-vif, trois frégates espagnoles, 5 octobre 1804

— DE CALAIS et D'AMBLETEUSE. L'amiral Werhuel, sorti de Dunkerque avec une forte division de la flottille, se bat avec le plus grand succès contre une flotte anglaise de trente deux vaisseaux, devant Calais et Ambleteuse, en juillet 1805

— DU CAP FINISTÈRE. La flotte combinée de France et d'Espagne y bat la flotte anglaise, commandée par l'amiral Calder, le 22 juillet 1805

— DE DONAWERTH, du LECH et de WERTINGEN. Les divisions de l'armée française, aux ordres de Murat, y battent les Autrichiens, les 7 et 8 octobre 1805

— DE GUNTZBOURG, 9 octobre 1805

— DE LANDSBERG, le 11 octobre 1805

— D'ALBECK. Le général Mack sort de la ville d'Ulm, et, à la tête de vingt-cinq mille hommes, il attaque six mille Français, commandés par les généraux Dupont et Sahuc, qui le culbutent et le forcent à la retraite, après lui avoir fait quinze cents prisonniers, le 11 octobre 1805

— De MUNICH. Bernadotte, commandant un corps de l'armée française, entre dans Munich, fait huit cents prisonniers, poursuit le général autrichien Kienmayer, lui prend ses équipages, le jette hors de la Bavière, et le force à repasser l'Inn, octobre 1805

— De MEMMINGEN. Le maréchal Soult, duc de Dalmatie, y enlève neuf bataillons autrichiens et se rend maître de la place, le 13 octobre 1805

D'ELCHINGEN, les 13 et 14 octobre 1805

— De LANGUENAW. Murat à la tête d'un corps de l'armée française, poursuit le prince Ferdinand, et bat, près de Languenaw, le général Werneck, à qui il fait trois mille prisonniers, le 14 octobre 1805

— De HAAG. Bernadotte, commandant un corps de l'armée française, y bat les Autrichiens, leur fait cinq cents prisonniers, et leur enlève un parc d'artillerie, le 15 octobre 1805

— De Néérsheim. Murat, secondé par le général Klein, y bat les Autrichiens, leur prend deux drapeaux, mille hommes et un officier-général. Le prince Ferdinand et sept généraux n'ont que le temps de monter à cheval et de s'échapper, le 17 octobre 1805

— D'Ulm. Napoléon, par des manœuvres habiles, qui sont sans exemple dans l'histoire, a cerné et mis hors de combat l'armée autrichienne, forte de cent mille hommes, commandés par le général Mack, qui n'a d'autre ressource que de se jeter dans Ulm, où il est bientôt obligé de capituler avec vingt-sept mille hommes, dix neuf généraux, trois mille chevaux et quatre-vingts pièces de canon attelées, 15, 16 et 17 octobre 1805

— De Norlingen. Murat y fait capituler le général autrichien Werneck avec toute sa division : les généraux Baillet, Hohenzollern, Vogel, Mackery, Hohenfeld, Weiber et Dienesberg furent aussi du nombre des prisonniers, 18 octobre 1805

— De VÉRONNE (du vieux château). L'armée d'Italie, aux ordres du maréchal prince d'Eslingen, bat l'armée autrichienne, sur laquelle elle fait quinze cents prisonniers, le 18 octobre 1805

— De NURENBERG, 21 octobre 1805

— De TRAFALGAR (naval), 21 octobre 1805

— De MEHRBACH, BRAUNAW et LAMBACH. Murat, à la tête d'un corps de l'armée française, poursuivant toujours ses succès contre les Autrichiens, les bat dans ces diverses rencontres, et leur fait beaucoup de prisonniers, les 29 et 30 octobre 1805

— De VERONNETTE. Le maréchal, prince d'Eslingen, commandant l'armée française en Italie, y bat l'armée autrichienne, le 29 octobre 1805

— De CALDIÉRO. La même armée y bat l'armée autrichienne, 30 octobre 1805

— De PASSLINGEN, le 2 novembre 1805

— De LOWERS. Les Bavarois, alliés des Français, et commandés par le brave général Deroi, y battent cinq régimens autrichiens venant d'Italie, et leur enlèvent leurs canons. Le général Deroi chargea avec tant de courage et d'impétuosité, qu'il fut blessé d'un coup de pistolet, 5 novembre 1805

— D'AMSTETTEN, 5 novembre 1805

— De WEYER. Le maréchal duc de Raguse y bat les Autrichiens, le 8 nov. 1805

— De KUFFERTAIN et de SCHARNITZ. Le corps d'armée aux ordres du maréchal duc d'Elchingen, y bat les Autrichiens, et s'ouvre le Tyrol, où l'archiduc Jean commandait, 8 novembre 1805

— De DIERNSTEIN. Le maréchal duc de Trévise y déploie des talens supérieurs et un courage extraordinaire; après un des combats les plus opiniâtres de la campagne, il triomphe de l'armée russe, forte de trente mille hommes. Le général français *Gazan* contribua beaucoup au succès de cette journée, ainsi que le colonel *Wattier*, du quatrième de dragons, 11 novembre 1805

— Du TAGLIAMENTO, 13 novembre 1805

— De WOLKERSDORF, 14 novembre 1805

— D'HOLLABRUN. Murat et le duc de Montebello, à la tête d'un corps de l'armée française, y rompent les bataillons russes, qui cherchent leur salut dans la fuite, et demandent ensuite à capituler, le 15 novembre 1805

— De JUNTERDORFF OU ZUNTERDORF. L'armée russe y est battue par les Français, aux ordres de Murat, 16 novembre 1805

— De BRUNN et d'OLMUTZ, 20 nov. 1805

— De CASTEL-FRANCO. L'armée française d'Italie, commandée par le maréchal prince d'Eslingen, bat l'armée autrichienne aux ordres du prince de Rohan, 14 novembre 1805

— D'Austerlitz. Napoléon, qui venait d'ordonner, avec autant d'habileté que de courage, tous les mouvemens que ses lieutenans et ses généraux avaient effectués depuis l'ouverture de la campagne, *commande en personne* à la bataille d'Austerlitz, le 2 décembre 1805; il avait sous ses ordres le général Murat, le prince royal de Suède, le maréchal prince de Neufchâtel, le maréchal prince d'Eckmulh, les maréchaux duc de Montebello, duc de Dalmatie, duc de Reggio, duc d'Albuféra, duc d'Istrie, le grand maréchal duc de Frioul, le duc d'Abrantès, colonel-général des hussards, le duc de Rovigo, les généraux Kellermann, Walther, Beaumont, Nansouty, d'Hautpoult, Rivaud, Drouet, Vandamme, Saint Hilaire, Legrand, Friand, Boursier, Gudin, Bertrand, comte de Lobaw, Cafarelly, Valhubert, Thiébaut, Sébastiani, Compan, Rapp, Marisy et Demont.

L'armée austro-russe était commandée par l'empereur de Russie et l'empereur d'Autriche, *en personnes*, par le grand-duc Constantin, le prince Repnin, les généraux Buxhowden et Kutusow.

Elle perdit la bataille.

Les empereurs de Russie et d'Autriche se virent obligés de demander la paix à Napoléon.

Elle fut signée par le traité de *Presbourg*, le 26 décembre 1805

— De SCHLEITZ, le 9 octobre 1806

— De SAALFELD. Le duc de Montebello et le général Suchet, à la tête d'un corps de l'armée française, y battent l'avant-garde de l'armée prussienne, commandée par le prince Louis-Ferdinand de Prusse, qui y perdit la vie, le 10 octobre 1805

— De GÉRA, le 11 octobre 1806

—D'IÉNA ou d'AUERSTAEDT. Napoléon, ayant sous ses ordres Murat, le général Bernadotte, le prince de Neufchâtel, le prince d'Eckmulh, les maréchaux duc de Castiglione, duc de Montebello, duc de Bellune, duc de Dantzick, duc d'Istrie, duc d'Elchingen et duc de Dalmatie, le grand-maréchal duc de Frioul, le grand-écuyer duc de Vicence, et les généraux Gazan, Gudin, Friand, Morand, Daultanne, Debilly, Couroux, Durosnel et Colbert, y bat l'armée prussienne, commandée par le roi de Prusse en personne, ayant sous ses ordres le prince Henri de Prusse, le duc de Brunswick, et les généraux Moellendorff, Tavenzein, Holzendorff, Schmettaow et Rutchelle, le 14 octobre 1806

— De GREUZEN. Le maréchal duc de Dalmatie, à la tête de son corps d'armée, y bat douze mille Prussiens, commandés par le roi de Prusse en personne, et le général Kalkreuth, le 16 octobre 1806

— De HALL. Le prince royal de Suède, commandant un des corps de l'armée française, et ayant sous ses ordres les généraux Léopold Bertier, Dupont, Drouet, Rivaud et Rouyer, y bat la réserve de l'armée prussienne aux ordres du prince Eugène de Wurtemberg, le 17 octobre 1806

— D'ERFURTH, 27 octobre 1806

— De ZEHDENICK. Murat ayant sous ses ordres deux divisions de dragons français, commandées par les généraux Beaumont, Lasalle et Grouchy, y rompt et culbute six mille hommes de cavalerie prussienne, le 27 octobre 1806

— De Wignelnsdorf, 27 octobre 1806

— De Prentzlow, le 28 octobre 1806

— D'Anclam ou Anklan, le 31 octobre 1806

— De Strelitz. C'est à cette affaire que le frère de la reine de Prusse fut fait prisonnier, le 31 octobre 1806

— De Wismar, 1er. novembre 1806

— De Crevismulen, le 4 novembre 1806

— De Lubeck. Cette bataille se livre dans la ville même de Lubeck; les portes, les rues, les places et les carrefours en sont le théâtre. Le général Blucher et le duc de Brunswick-Oels s'y étaient réfugiés avec les débris de l'armée prussienne, et s'y virent attaqués par plusieurs corps de l'armée française, commandée par Murat, le général Bernadotte et le maréchal duc de Dalmatie, qui les forcèrent à mettre bas les armes et à se rendre prisonniers, après une action des plus meurtrières, qui dura deux jours, les 6 et 7 novembre 1806

— De ROSTOCK. Le duc de Rovigo, à la tête d'une colonne mobile de l'armée française, s'empare de cinquante bâtimens suédois, qui étaient sur leur lest dans ce port, novembre 1806

— D'HAMELEN. Le duc de Rovigo, chargé par Napoléon de faire le siége de cette place, s'en rend maître et y fait capituler neuf mille Prussiens commandés par les généraux Lecocq et Schœler, et cinq autres lieutenans-généraux, le 20 novembre 1806

— De LOWITZ. Le général Bœnigsen, commandant l'armée russe, envoie un fort détachement pour s'opposer au passage de la Bsura, que les Français devaient traverser pour s'emparer de Warsovie. Les Russes sont battus par la cavalerie française, aux ordres du général Beaumont, le 26 novembre 1806

— De BIEZUN. Le maréchal duc d'Istrie, secondé des généraux Grouchy, Rouget et Roussel, y bat un corps de l'armée prussienne, lui fait beaucoup de prisonniers, et lui enlève cinq pièces de canon, 23 décembre 1806

— De CZARNOVO. Les corps d'armée, commandés par le prince d'Eckmulh, le duc d'Elchingen et le duc d'Istrie, ayant sous leurs ordres les généraux Beaumont, Morand, Malaz, Petit et Boussard, y battent les Russes, le 23 décembre 1806

— De NASIELK. Le prince d'Eckmulh, secondé des généraux Rapp et Lemarrois, y bat les Russes, commandés par le général Kameski, le 24 décembre 1806

— De L'WERA ou le KURSOMB. Le maréchal duc de Castiglione et le général Nausouty y culbutent quinze mille Russes, le 24 décembre 1806

— De LOPACKCZIN, de LA SONNA et TYKOCZIN. Murat et le prince d'Eckmulh y battent les Russes, le 25 décembre 1806

— De SOLAN. Le maréchal duc d'Elchingen y bat un corps de Prussiens, commandé par le général Lestocq, le 26 décembre 1806

— De MALAVA. Le général français

Marchand y bat un corps de l'armée russe, le même jour 1806

— De Pultusk. Le général Suchet, secondé des généraux Gazan, Gudin, Daultanne, Claparède, Wedel, Boussard et Trellart, y bat un corps d'armée russe, commandé par les généraux Bœnigsen, Tolstoy, Barclay de Tolly, Bagouwut, Kosin et Gondorff, 26 décembre 1806

— De Golymin. Murat, le maréchal duc de Castiglione et le maréchal prince d'Eckmulh, ayant sous leurs ordres les généraux Heudelet, Rapp, Lapisse, Klein et Fénerolle, y battent les Russes commandés par le général Buxhowden, le 26 décembre 1806

— d'Olaw et de Grittern. Les Bavarois et les Wurtembergeois, sous les ordres des généraux Montbrun et Minucci, y battent dix mille Prussiens, commandés par le prince d'Anhalt-Pless, les 29 et 30 décembre 1806

—De Stéelen. Le corps des Bavarois, commandé par le général Montbrun et le major Erscher, y bat les Prussiens et leur enlève un convoi considérable, le 3 janvier 1807

—De WODLIN. Un détachement du corps d'armée du maréchal duc de Trévise y bat onze cents Prussiens, et leur enlève quatre pièces de canon, le 4 janvier 1807

— De MORRING. Le prince de Ponté-Corvo, ayant sous ses ordres les généraux Drouet, Dupont, Pactod et Laplanche, y bat un corps de l'armée russe, commandé par les comtes de Pahlen et Galitzin, le 25 janvier 1807

— De BERGFRIED, de WATERDORF, et de DEPPEN. Napoléon, ayant sous ses ordres le roi de Naples, les maréchaux duc de Dalmatie, duc d'Elchingen et prince d'Eckmulh, et les généraux Guyot, Leval, Legrand, Saint-Hilaire, Lasalle, Gardanne et Latour-Maubourg, y fait culbuter et mettre en déroute plusieurs corps de l'armée russe, les 3, 4 et 5 février 1807

— De HOFF, 6 février 1807

— D'EYLAU. Napoléon, ayant sous ses ordres Murat, les maréchaux prince d'Eckmulh, duc de Castiglione, duc d'Istrie, duc d'Elchingen, et les généraux Legrand, Saint-Hilaire, Klein, d'Hautpoult, Bonardi de Saint-Sulpice, Dalhman, Desjardins, Corbineau, Heudelet et Lochet, y bat l'armée russe, le 9 février 1807

— De MARIENWERDER, le 12 février 1807

— d'OSTROLENKA. C'est à cette bataille que Souwarow fut tué, le 6 fév. 1807

— De DIRSCHAW, le 23 février 1807

— De GUSTADT, le 25 février 1807

— De BRAUNSBERG, le 26 fév. 1807

— De VILLEMBERG, le 10 mars 1807

— De PASSEWALK et de BELLING, le 16 avril 1807

— De FRANCKENTEIN, le 16 avril 1807

— d'UCKERMUNDE, le 17 avril 1807

— De WEISCHFLMUNDE, les 12 et 15 mai 1807

— De MALGA le 13 mai 1807

— De WISKOWO et du BUG. Le général français Lemarrois, à la tête d'un corps de Bavarois et de Polonais, y bat les Russes, et détruit les radeaux qu'ils avaient fait construire sur le Bug, 13 mai 1807

— De PASSENWERDER et de STIGE. Napoléon donne ordre aux généraux Beaumont et Albert d'attaquer un corps de Russes et de Prussiens qui s'était avancé sur ces places. Ils sont battus et dispersés, le 16 mai 1807

— De SPADEN et de LOMITTEN, le 5 juin 1807

— De DEPPEN et de WOLESDORFF, les 6 et 8 juin 1807

— De GUTTSTADT et de GLOTAW, le 9 juin 1807

— De DRUGZEWO, 10 juin 1807

— D'HEILSBERG et de la PASSARGE. Napoléon y bat l'armée russe, les 10, 11 et 12 juin 1807

— De KOENIGSBERG. Le grand-duc de Berg y fait mettre bas les armes au corps d'armée, commandé par le général Lestocq, 13 et 14 juin 1807

— De CREUTZBOURG, 13 juin 1807

— De FRIEDLAND. Napoléon, ayant sous ses ordres les maréchaux prince de Neufchâtel, ducs de Montebello, d'Elchingen, de Trévise, de Bellune, de Reggio, de Rovigo, et les généraux Grouchy, Nansouty, Latour-Maubourg, Lahoussay, Marchand, Dupas, Bisson, Dupont, Verdier, Sénarmont, Drouet, Cœborn et Brun, y bat l'armée russe. Cette victoire fut décisive, et réduisit les Russes à demander la paix, 14 juin 1807

— LISBONNE (entrée des Français dans). Le maréchal Junot, duc d'Abrantès, à la tête de l'armée française, s'empare du Portugal et fait son entrée dans Lisbonne, le 30 novembre 1807

— De PFAFFENHOFFEN. L'armée autrichienne, commandée par le prince Charles, après s'être mise en mouvement dans les premiers jours d'avril 1809, envahit les états du roi de Bavière, allié de la France; à cette nouvelle, Napoléon quitte Paris, passe le Rhin et arrive au secours du roi de Bavière le 16 avril. Le maréchal duc de Reggio rencontre un corps de l'armée ennemie, d'environ quatre mille hommes, qu'il attaque et disperse près de *Pfoffenhoffen*, le 29 avril 1809

— De TANN. Les maréchaux prince d'Eckmulh et le duc de Dantzick, ayant sous leurs ordres les généraux Morand, Gudin, Saint-Hilaire et Friand, y battent les Autrichiens, commandés par le prince de Lichtenstein et le général de Lusignan, qui tous deux furent blessés dans l'action, 19 avril 1809

— D'ABENSBERG. Napoléon, résolu de battre et de détruire soixante mille hommes de l'armée autrichienne, commandés par l'archiduc Louis et le général Hiller, se met à la tête des Bavarois et des Wurtembergeois, et fait attaquer l'ennemi par le duc de Montebello qui avait sous ses ordres les généraux Gudin et Morand qui engagèrent l'action avec une intrépidité inconcevable. Les Autrichiens furent battus, culbutés et mis en déroute, 20 avril 1809

— De LANDZHUT, 21 avril 1809

— D'ECKMULH. Napoléon y bat et met en déroute l'armée autrichienne, 20 avril 1809

— De RATISBONNE. Napoléon, poursuivant ses succès contre les Autrichiens, les fait battre et culbuter sous les murs et dans la ville de Ratisbonne, par des troupes aux ordres du maréchal duc de Montebello, et des généraux Morin, Gudin, Nansouty et Saint-Sulpice, 23 avril 1809

— De NEUMARCK. Un petit corps de Bavarois, bien inférieur en nombre, y bat les Autrichiens et conserve ses positions, 25 avril 1809

— De LAUFFEN. Le lieutenant-général baron de Wrède, commandant les Bavarois, y bat l'arrière-garde de l'armée autrichienne, et lui enlève ses bagages, le 27 avril 1809

— De SALZBOURG, le 29 avril 1809

— De CALDÉRO. L'armée d'Italie, aux ordres du prince vice-roi, y bat les Autrichiens, qui sont en pleine retraite, 30 avril et jours suivans 1809

— D'EBERBERG. Les maréchaux prince

d'Eslingen, duc d'Istrie, duc de Reggio; et les généraux Claparède, Legrand, Durosnel et Cœborn, y battent les Autrichiens et les chassent de leur position, le 3 mai 1809

— D'AMSTETTEN. Le duc de Montebello y fait battre et repousser les Autrichiens par le général Colbert, qui fit cinq cents prisonniers, 5 mai 1809

— DE LA PIAVE et de SANTO-SALVATORE. L'armée d'Italie, commandée par le prince Eugène, ayant sous ses ordres le maréchal duc de Tarente, les généraux Desaix, Grenier et Sorbier, y met en déroute l'armée autrichienne, commandée par l'archiduc Jean et les généraux Wolfski, Giulay, Vauxhel et Hager, le 8 mai 1809

— De SAINT-DANIEL, le 11 mai 1809

— De LOFFERS, le 11 mai 1809

— De KUFSTEIN, 12 mai 1809

— De VOERGEL, le 13 mai 1809

— D'URFAR, le 17 mai 1809

— De MALBORGHETTO et de TARVIS, le 24 et 17 mai 1809

— De MONT-KITIA, GRADCHATZ, GOSPICH, de LA LIÉCA et D'OTTACUATZ. L'armée française en Dalmatie, sous les ordres du maréchal duc de Raguse, secondée des généraux Montrichard, Soyez, Tirlet, Delaure, Clausel, Launay et Delzons, et des colonels Bertrand, Bachelu, Minal et Plauzonne, y bat les Croates, les 16, 17, 20 mai et jours suivans 1809

— D'EBERSDORF, de GROS-ASPERN, d'ESLING et d'ENZERDORF. Napoléon bat l'armée autrichienne, commandée par le prince Charles, lui tue douze mille hommes et vingt-trois généraux, les 21 et 22 mai 1809

Cette bataille coûta la vie au duc de Montebello et au général Saint-Hilaire.

— D'ENGERAU, le 14 juin 1809

— De CLAGENFURTH, 4 juin 1809

— De RAAB, le 14 juin 1809

— De GRATZ, 26 juin 1809

— D'ENZERSDORFF. Napoléon, après avoir fait passer le Danube à son armée, à l'île de Lobau, présente la bataille aux Autrichiens dans la plaine d'Enzersdorff, et s'empare de tous les villages où ils s'étaient retranchés, le 5 juillet 1809

—De WAGRAM. Napoléon, ayant sous ses ordres le prince royal de Suède, le prince Eugène, les maréchaux princes de Neufchâtel, d'Eckmulh, d'Elchingen, duc de Reggio, duc de Tarente, duc d'Istrie, duc de Raguse, les généraux comte de Lauriston, Broussier, Lamarque, Nansouty, d'Aboville, Reille, Gudin, de Wrède, Séras, Grenier, Vignolle, Sahuc, Frère et Defrance, y remporte une victoire décisive sur l'armée autrichienne, commandée par l'archiduc Charles, les généraux de Bellegarde, de Kollowrath, de Lichtenstein, de Hiller, de Hollenzollern, d'Auesperg et de Rosemberg, le 6 juillet 1809

—D'HOLLABRUNN. Le maréchal prince d'Eslingen y met en déroute l'arrière-garde de l'armée autrichienne, le 10 juillet 1809

— De ZNAÏM, le 11 juillet 1809

— De WALCHEREN. Pendant que Napoléon était campé sous les murs de la capitale de l'Autriche, les Anglais firent, en octobre 1809, une descente dans l'île de *Walcheren*, en menaçant d'entrer dans les provinces de Hollande et de

Flandres : mais la France, sans distraire un seul bataillon de son armée active, dirige des forces assez considérables sur les côtes, pour faire non-seulement renoncer les Anglais à leur projet d'invasion, mais encore pour les chasser entièrement du continent, d'où ils disparurent presque aussitôt.

Passage du *Niémen*. Commencement des hostilités avec la Russie. L'armée était forte de quatre cent mille hommes, tant français qu'alliés de la confédération du Rhin, dont quatre-vingt mille hommes de cavalerie, 23 juin 1812

Entrée de Napoléon à Wilna, 28 juin 1812

Passage de la *Duna* par le maréchal duc de Reggio, près de Dunabourg, 15 juillet 1812

Bataille des *Aropiles*, remportée par le général Wellington sur le duc de Raguse; l'armée française se retire derrière le Duevo, 21 juillet 1812

Combat de *Mohilleff* entre le maréchal Davoust et le prince Bagration, 23 juillet 1812

Combats meurtriers d'*Ostrowno* ; retraite de l'armée russe sur Smolensk ; entrée des Français à Witepsk, 26, 28 juillet 1812

Bataille de *Smolensk*, gagnée par la grande armée sur l'armée russe, commandée par le général Barclay de Tolly, 17 août 1812

— De Mojaïsk ou de la Moskowa, ou de Borodino, gagnée par Napoléon contre l'armée russe, commandée par Kectosoff, 7 septembre 1812

Entrée des Français à Moscou, 11 sept. 1812

Combat de *Winskovo*, entre Murat et le général russe Beniugsen, 18 octobre 1812

Départ de l'armée française de Moscou, 18 octobre 1812

Combat de *Mallo-Jaroslawetz*, gagné par le prince vice-roi sur l'armée russe de Kutusoff, 24 octobre 1812

Rentrée des Français dans *Madrid*, après la retraite de Wellington, 1er. novembre 1812

Combat de *Wiasma*, du prince vice-roi et du maréchal Davoust, contre le général Milaradowichs, 2 novembre 1812

— De Dorogobusch, entre l'hetman Platow et le vice-roi, 9 novembre 1812

— De Krasnoï, 17 novembre 1812

Bataille de la *Bérésina*, gagnée par l'armée française, commandée par le maréchal Ney, contre les armées russes, 25 et 26 novembre 1812

— De Lutzen ou Gross-Gerchen, entre Napoléon et le comte Wittgenstein, 2 mai 1813

— De Bautzen, gagné par Napoléon sur les armées alliées, 20 mai 1813

— De Wurschen, entre les mêmes, 21 mai 1813

Le maréchal Ney force les passages de la *Neiss* et de la *Quiess*, et occupe *Bunzlau*, 23 et 24 novembre 1813

Bataille de *Vittoria*, gagnée par Wellington sur Joseph Bonaparte et le maréchal Jourdan, 21 juin 1813

— De SAINT-JEAN-PIED-DE-PORT, entre le maréchal Soult et Wellington, 25 juil. 1813

Attaque de DRESDE, mort de Moreau, 26 août 1813

Bataille de DRESDE, entre Napoléon et l'armée alliée. Retraite des alliés, 27 août 1813

— De CULM. Défaite de Vandamme par les généraux Kleist et Ostermann, 30 août 1813

— De DENNEWITZ, entre le prince royal de Suède, le général Bulow et le maréchal Ney, 6 septembre 1813

— De WACHAU, entre les alliés et la grande armée, 16 octobre 1813

— De LEIPSICK, qui dure trois jours, et où l'armée française est presque détruite sous le commandement de Napoléon contre les armées alliées, commandées par le prince de Schwartzemberg, dans les journées des 18, 19 et 20 octobre 1813

— De HANAU, gagnée par Napoléon

sur l'armée bavaroise, commandée par le général Wrède, 30 octobre 1813

Combat de *Bayonne*, entre le maréchal Soult et Wellington, 10 décemb. 1813

Capitulation de *Dantzick*, après un siége glorieux de treize mois. Cette place était défendue par le général Rapp, 2 janvier 1814

Affaire de *Saint-Dizier*, entre Napoléon et le général Lanskoi, 27 janvier 1814

Combat de *Brienne*, entre Napoléon et le général Blucher, 29 janvier 1814

Bataille de *Brienne* ou de la *Rothière*, entre les mêmes, 1er. février 1814

Combat de *Champ-Aubert*, entre Napoléon et l'armée russe, 10 février 1814

Bataille de *Montmirail*, entre Napoléon et l'armée de Sacken, 11 fév. 1814

— D'ORTHEZ, remportée par Wellington sur l'armée du maréchal Soult, 13 février 1814

— De VAUXCHAMPS, entre Napoléon et le maréchal Blucher, 14 février 1814

— De Nangis, entre Napoléon et le général Pallien, 17 février 1814

— De Montereau, entre les maréchaux Oudinot et Victor, et le prince royal de Wurtemberg, 18 février 1814

— De Bar-sur Aube, entre les maréchaux Macdonald, Victor et Oudinot, et les généraux Wrède et Wittgenstein, 27 février 1814

— De Troyes, entre Napoléon et les généraux Wittgenstein et Blucher, 3 mars 1814

— De Craonne, entre Napoléon et les armées alliées, commandées par Winzingerode, Langeron, Woronzoff et Sacken, 6 mars 1814

— De Laon, entre Napoléon et le général Blucher, 9 mars 1814

— De Rheims, entre Napoléon et le général Saint-Priest. L'armée française entre dans cette ville, 13 mars 1814

— D'Arcis-sur-Aube, 21 mars 1814

— De Fère champenoise, entre les corps des maréchaux Marmont et Mortier, et le prince royal de Wurtemberg, 25 mars 1814

— De PARIS, entre les armées alliées et le corps du maréchal Marmont, à la suite de laquelle fut signée la capitulation de la capitale, 29 mars 1814

— De TOULOUSE, entre le maréchal Soult et lord Wellington, 10 avril 1814

— De LIGNY, gagnée par Bonaparte sur le corps d'armée du maréchal Blucher, 15 juin 1815

— De MONT-SAINT-JEAN, de WATERLOO ou de la BELLE-ALLIANCE, gagnée par Wellington sur l'armée de Bonaparte. Désastre de l'armée française, le 8 juin 1815

LE SOUVENIR

DES

BRAVES.

LE plus épouvantable des crimes avait soulevé contre la France presque tous les rois et les peuples de l'Europe. L'Allemagne, la Prusse, l'Espagne, l'Italie et l'Angleterre nous environnaient de leurs légions. Les vainqueurs de Valmy et de Jemmappes avaient été rejetés sur nos frontières. Les drapeaux de la coalition flottaient sur les remparts de Valenciennes et de Condé. Ses avant-postes s'avançaient jusqu'à Péronne. Ils n'avaient qu'à marcher, et la Convention Nationale transportait ses archives sanglantes sur les montagnes de l'Auvergne. Vingt départemens de la France étaient livrés à toutes les horreurs de la guerre civile; la population de vingt autres était occupée à la contenir : deux ou trois étaient au pouvoir de l'étranger; il en restait quarante-deux pour faire tête à la coalition. Ajoutons que, dans ces derniers, le crime des Girondins et de la Montagne était en exécration à tout ce qui avait une âme. Dix ou douze misérables, affublés du bonnet rouge, comprimaient dans chaque ville les opinions et les sentimens. Qui donc a renvoyé l'ennemi? trois mots magiques : *Patrie*, *Indépendance et Liberté*. Rien n'était moins *libre* alors que la France, et la *patrie* n'était point assurément dans la faction victorieuse; mais la présence de l'ennemi donnait à ces trois mots une puissance inconcevable. L'honneur et la vertu se réfugièrent dans les armées, et la coalition fut vaincue.

La bataille de Hondtschoote ramena la victoire sous nos drapeaux ; « elle ren»dit aux soldats français, le sentiment »de leur force; leur confiance accoutumée »prépara les succès inouis de la campa»gne suivante, et mit le gouvernement »républicain à même de reporter sur le »pays ennemi la terreur dont il avait »été frappé. » L'ambition de nos farouches décemvirs n'en fut pourtant point satisfaite. Houchard fut accusé de n'avoir pas su profiter de la victoire qu'il avait remportée sur les Anglais et le duc d'Yorck ; et le vainqueur fut payé sur l'échafaud de la gloire d'avoir délivré la patrie. On est surpris, en lisant ces traits de la plus effroyable des tyrannies, qu'il se soit trouvé des généraux assez hardis pour prendre sur eux la responsabilité d'un commandement. Jourdan osa cependant l'accepter, et la bataille de Watignies fut le brillant début du nouveau capitaine. La veille de cette journée, le prince de Cobourg disait à ses lieutenans : « J'avoue que les Français sont de fiers »républicains ; mais s'ils me chassent de »mes positions, je me fais Républicain »moi-même. » Il fut chassé, demeura prince, et fit très-bien de manquer à sa parole. Il vaut mieux être souverain tout seul, que de partager sa souveraineté avec tout le monde.

— Lannoy est-il occupé par les Français? demande un blessé au général Houchard. Le général répond que oui, et le soldat s'écrie qu'il ne regrette plus sa jambe. Un autre, dont le bras venait d'être amputé, dit froidement qu'il lui en reste un pour exterminer les ennemis de la France.

— Le dragon Mandement tombe dans un poste autrichien qui l'enveloppe. Il tire son sabre, renverse tout ce qui l'entoure, s'empare d'un drapeau que ce poste gardait, rencontre le bataillon auquel appartient le drapeau; ce bataillon est aux prises avec les Français. Mandement se précipite dans la mêlée, marche droit au commandant, le fait prisonnier et rejoint son escadron.

— A la journée de Dawendorff, le chasseur Fatou prend le cheval d'un Autrichien qu'il a tué. Un officier démonté demande à Fatou de lui céder le cheval, et lui en offre le prix. Non, dit le chasseur, il ne m'a rien coûté; vous m'en paierez la valeur en chargeant l'ennemi.

— Les soldats du général Hoche s'étaient refusés à l'exécution d'un de ses ordres. Il assemble les colonels, et leur dit que le bataillon qui a donné l'exemple de la désobéissance n'aura pas l'honneur de marcher à l'avant-garde. A l'attaque d'une montagne retranchée et défendue par un triple rang de batteries, les troupes hésitent : Hoche parcourt les rangs et s'écrie : « Camarades, à six cents livres pièce les canons prussiens. » *Adjugé*, répondent les soldats ; et la montagne, les redoutes et les canons sont emportés.

— Au combat de Geïsberg, qui dégagea la ville de Landau, on voulait faire une distribution de vivres : « Nous n'en voulons qu'à Landau, » s'écrient les soldats ; et ils n'en prirent qu'après avoir fait lever le siége de la place.

— « LAISSEZ, mes amis, s'écrie le vieux général LUKNER, en parlant à ses compagnons d'armes qui, sous les murs de Courtrai, s'effrayaient de son audace; *laissez, les balles respectent les braves.* »

— QUE voulez-vous que l'on vous rende? disait-on à MARCEAU, après la capitulation de Verdun, où il avait perdu tous ses bagages. *Un sabre pour venger nos défaites*, répond le bouillant guerrier.

— UN canonnier bourgeois servait une pièce sur les remparts de Lille. Il apprend que sa maison est la proie des flammes : *Rendons - leur feu pour feu*, dit-il, et il continue de servir sa pièce.

— ON offre à WIMPFEN, commandant

de Thionville, un million, s'il veut livrer la place : *Volontiers*, répond-il en riant, *pourvu que l'acte de donation soit passé devant notaires.*

— A la bataille de Zurich, qui fut livrée le 3 vendémiaire an 8, AMAND, simple soldat, se distingua par un grand acte de dévoûment, et s'élança seul au milieu d'un bataillon ennemi, enleva le drapeau, tua trois hommes qui cherchaient à le défendre, et bientôt après, secondé par quatre de ses camarades, il fit mettre bas les armes à quatorze officiers et à cent soixante-trois soldats : il fut membre de la légion-d'honneur, et mourut à Alexandrie.

— LA belle action que nous allons rapporter couvre de gloire les soldats Français qui ont eu le bonheur de pouvoir y prendre part. Les généraux Launay et Ali-Aga attaquèrent et mirent en déroute un corps de Monténégrins et de Russes, le 13 juin 1807, veille de la mémorable journée de Friedland. Les troupes vaincues cherchaient à s'échapper par une petite plaine, sur les bords de la Trebiliza. Alors la cavalerie turque se précipite dans cette plaine, au milieu des fuyards, et en fait un horrible carnage. Les troupes françaises accoururent et sauvèrent des mains des cavaliers turcs, soixante Russes, moyennant un sequin par homme, que donnèrent avec joie tous ceux des soldats français qui se trouvèrent à même de pouvoir coopérer à cet acte d'humanité.

— Une femme émigrée s'était retirée avec son enfant à Augsbourg; elle croyait que jamais les Français ne viendraient l'y trouver. A leur approche imprévue, cette mère effrayée ne songe qu'à sauver son enfant; elle le prend dans ses bras, c'est la seule richesse qu'elle emporte. Dans son désordre, elle se trompe de porte; et au lieu de se rendre au camp des Autrichiens, elle tombe dans les avant-postes de l'armée française. En reconnaissant son erreur, elle s'évanouit. Les soins et l'humanité des soldats français ne purent parvenir à la rassurer. Le général Lecourbe, fortement ému, ordonne qu'on lui donne une sauve-garde, et qu'on la reconduise dans la ville où elle voulait se retirer. Malheureusement son enfant fut oublié, et cette mère infortunée, dans l'égarement où elle était plongée, ne s'en aperçut pas. Un grenadier le recueillit; il s'informa du lieu où l'on avait conduit la mère. Ne pouvant de suite lui porter ce dépôt précieux, il fit faire un sac de cuir, dans lequel il portait toujours l'enfant devant lui. On l'en plaisanta, il se battit et n'abandonna pas l'enfant. Toutes les fois qu'il fallait combattre l'ennemi, il faisait un trou en terre, y déposait l'enfant, et après la bataille, venait le reprendre. Enfin on conclut un armistice. Le grenadier fit une collecte parmi ses camarades; elle rapporta vingt-cinq louis: il les mit dans la poche de l'enfant, et alla le rendre à sa mère. La joie pensa lui coûter la vie, comme la frayeur avait failli la lui ravir. Elle se ranima enfin pour combler de bénédictions le sauveur de son enfant.

— *Union et Oubli:* Ces paroles émanées du trône et proclamées par Monseigneur le duc d'Angoulême, au nom du Roi, dans le dernier voyage qu'il a fait dans le midi de la France, nous ont encouragé à publier les notices suivantes :

Le baron Pierre-Jacques-Etienne Cambronne, maréchal-de-camp et commandant de la légion-d'honneur, né à Nantes, le 26 décembre 1770, de parens peu fortunés, s'enrôla à l'âge de 20 ans dans un bataillon de volontaires, et fut employé, dès le premier moment de l'insurrection vendéenne, contre les armées royales. Malgré son zèle à servir la cause républicaine, il donna des preuves de modération et d'humanité envers quelques individus du parti contraire. Il servait dans l'armée de Hoche à Quiberon, en 1795. Après la pacification de ces temps-là, il passa à l'armée des Alpes. Il se trouvait à Zurich dans l'armée du maréchal Masséna, en 1799; et il se signala, dans cette ville, à la tête d'une compagnie de grenadiers. Parvenu successivement aux grades de chef de bataillon et de colonel, il se distingua à Iéna, et fit encore la seconde campagne d'Autriche en 1809. Il était, en 1812, à l'ouverture de la campagne de Russie, major-commandant le troisième régiment de voltigeur de la garde. Il montra le même courage dans toutes les circonstances; fit encore la campagne de 1813 en Saxe, et rentra en France avec son régiment, après avoir fait admirer de nouveau sa bravoure à la bataille de Hanau. Blessé grièvement à celle de Craonne, et ensuite à celle du 30 mars 1814, sous les murs de Sens, il se trouvait à Fontainebleau, malade et retenu dans son lit, lorsque Bonaparte signa son abdication. Cambronne sollicita la faveur de le suivre à l'île d'Elbe, et il obtint le commandement de l'escorte que les puissances lui permirent d'emmener avec lui. Nommé commandant de la place de *Porto-Ferrajo*, Cambronne avait aussi la direction du matériel de la garde de Napoléon ; et il fut chargé de la police et de l'instruction des corps militaires. Il a déclaré, dans son procès, que Bonaparte ne lui avait rien communiqué de son projet d'envahir la France, et que, trois jours avant l'embarquement, il lui donna l'ordre de se tenir prêt à partir, sans lui faire connaître son plan. Débarqué au golfe Juan, le premier mars 1815, il reçut le commandement de l'avant-garde, et il signa *l'adresse des généraux, officiers et soldats de la garde impériale, aux généraux, officiers et soldats de l'armée*, datée du golfe Juan, le premier mars. S'étant mis en marche avec son avant-garde, Cambronne occupa d'abord le bourg de Saint-Pierre, et fit arrêter le prince de Monaco qui s'y trouvait, et que Bonaparte fit ensuite relâcher. Le 5, il s'empara de Sistéron, et ensuite de Grasse, où il fit des réquisitions, au nom de *l'empereur de l'île d'Elbe*, si l'on en croit ses déclarations. Le général Cambronne marcha aussi en avant-garde jusqu'à Lyon. Ce fut après son arrivée dans cette ville que l'ex-empereur le fit rester près de sa personne jusqu'à Paris. Dès qu'il se fut établi dans la capitale, Bonaparte se hâta de récompenser son zèle en le nommant lieutenant-général, grand officier de la légion-d'honneur, comte de l'empire et pair de France. Cambronne suivit son maître dans la courte campagne que termina la bataille de Waterloo. La division de la garde qu'il commandait, y périt presqu'entièrement, et on crut qu'il y avait lui-même été tué. Les journaux rapportèrent que, sommé de se rendre, il avait répondu:

La garde impériale meurt, elle ne se rend pas. Aucun rapport officiel n'a fait mention de cette circonstance, et il est bien sûr qu'après avoir été blessé, Cambronne se rendit aux Anglais, qui l'emportèrent en Angleterre. Ce fut là qu'il apprit la seconde chûte de Bonaparte. Il écrivit alors au Roi la lettre suivante :

« Sire, major au premier régiment de » chasseurs à pied de la garde, le traité » de Fontainebleau m'imposa le devoir » de suivre l'empereur à l'île d'Elbe ; » cette garde n'existant plus, j'ai l'hon- » neur de prier V. M. de recevoir ma sou- » mission et mon serment de fidélité. Si » ma vie, que je crois sans reproche, » me donne des droits à votre confiance, » je demande mon régiment : en cas con- » traire, mes blessures me donnent droit » à la retraite, qu'alors je solliciterai, » regretant d'être privé de servir ma

» patrie. Je suis, etc. » Mais pendant ce temps, Cambronne était porté sur la liste des généraux qui, ayant attaqué la France et le gouvernement royal, à main armée, durent être arrêtés et traduits devant un conseil de guerre. Le 10 octobre, il écrivit au ministre de la guerre, qu'aussitôt que le traité de paix lui rendrait la liberté, il paraîtrait devant ses juges. Il s'embarqua en effet le 25 septembre; et le surlendemain, arrivé à Calais, il se présenta lui-même au commandant de place, et fut conduit, sous escorte, à Paris, et renfermé à l'Abbaye, où déjà était détenu un de ses compagnons d'armes, le général Drouot. Il resta près de quatre mois dans cette prison. Le 26 avril 1816, le conseil nommé à cet effet s'assembla; et le général Cambronne, après s'être défendu par l'organe de M. Berreyer fils, son avocat, et avoir allégué qu'il n'avait agi que comme sujet du souverain de l'île d'Elbe, fut acquitté à l'unanimité.

Le général Cambronne, mis en liberté, vit maintenant dans sa famille, au village de Saint-Sébastien, près de Nantes. Il a été présenté à S. A. R. Monseigneur le duc d'Angoulême, lors de son passage dans cette ville. Ce prince l'a accueilli avec la distinction dont il honore tous les braves.

— Le comte Antoine Drouot, lieutenant-général, grand officier de la légion-d'honneur, naquit à Nancy, le 11 janvier 1774. Son père était pharmacien, et il a encore un frère qui exerce cette profession dans la même ville. Il entra dans l'artillerie, comme lieutenant, en 1793, fit toutes les campagnes de la révolution dans cette arme, notamment celle d'Egypte, et parvint au grade de major dans l'artillerie à pied de la garde impériale, grade qu'il occupait en 1809. Devenu général de brigade, il se fit remarquer dans plusieurs affaires par son sang-froid et la justesse de son coup-d'œil. Il prêta serment de fidélité à Napoléon, le 7 mars 1813, comme l'un de ses aides-de-camp. Le 2 mai, il donna des preuves de bravoure à la bataille de Lutzen, où il chargea au galop avec l'artillerie légère. Il se signala de nouveau, le 28, à l'affaire de Bautzen, et fut promu au grade de général de division, le 3 septembre 1813. Le 3 octobre, le général Drouot commandait à Wachau l'artillerie de réserve, lorsqu'il fut attaqué par la cavalerie ennemie très supérieure en nombre. Il ordonna aussitôt aux canonniers de former leurs pièces en carré, et de les charger à mitraille. Les commandemens furent donnés et exécutés avec tant de précision, qu'en un instant l'ennemi fut mis en déroute. Le général Drouot ne montra pas moins de valeur à Hanau contre les Bavarois, le 30 octobre, à Nangis, le 17 février 1814, et au défilé de Vauclor, qu'il franchit le 17 mars suivant, malgré le feu de soixante pièces de canon qui en défendaient le passage. Ce fut dans cette occasion que les généraux Victor et La Ferrière furent blessés, et que la moitié des grenadiers à cheval périt par suite d'une attaque téméraire qu'avait ordonnée Bonaparte. Après le traité de Fontainebleau, le général Drouot suivit Napoléon à l'île d'Elbe, dont il fut nommé gouverneur militaire. Au moment de sortir de la France (avril 1814), il avait adressé au ministre de la guerre une lettre dans laquelle, en protestant de son attachement pour Bonaparte, il faisait cependant des vœux pour la gloire de sa patrie, « pour » laquelle, écrivait-il, je répandrais en» core jusqu'à la dernière goutte de mon » sang. »

Le 1er. mars 1815, il débarqua avec l'ex-empereur au golfe Juan, d'où fut adressée à l'armée française la proclamation revêtue de la signature du général Drouot, et insérée dans le Moniteur du 21 du même mois.

Il commanda l'avant-garde de Bonaparte jusqu'à Paris.

Créé pair par décret du 2 juin 1815, il rejoignit l'armée en Belgique, combattit à Waterloo, et contribua ensuite à rallier les troupes sous les murs de Laon. De retour à Paris, il parut à la chambre des pairs, fut nommé, le 22 juin, membre de la commission chargée d'examiner la question de la seconde abdication de

Napoléon, et sa déclaration au peuple français; et dans la séance du lendemain, il improvisa un rapport conçu avec beaucoup d'art sur la bataille de Waterloo et sur la situation de l'armée.

Nommé commandant-général de la garde impériale, et quoiqu'il se trouvât le 30 juin au camp de la Villette, il ne fut point un des signataires de la lettre adressée à la chambre des représentans par les généraux de l'armée sous Paris.

Par suite de la capitulation de Paris, le général Drouot se retira sur la Loire, à la tête de la garde impériale; et par sa fermeté, il empêcha cette milice désespérée de se porter à des excès. Plus tard, lors du licenciement de l'armée, il usa avec le même succès de toute son influence sur elle, pour l'amener à se soumettre au Roi.

Compris dans l'ordonnance du 24 juillet

1815, il se constitua lui-même prisonnier à l'Abbaye.

Ce fut le 6 août 1816 qu'il comparut devant un conseil de guerre, comme prévenu d'avoir attaqué la France à main armée. Tous les témoins qui furent entendus, s'accordèrent à déclarer qu'il avait été fort opposé au départ de Bonaparte de l'île d'Elbe. Un sieur Delacour déposa qu'ayant rencontré le général Drouot sur les quais de Porto-Ferrajo, il lui fit un reproche de ne pas l'avoir compris sur la liste de ceux qui devaient suivre Napoléon, regardant cet oubli comme une marque de défiance. « C'est, » au contraire, une preuve d'estime, ré- » pondit le général; car ce départ est une » grande sottise. Si l'empereur m'avait » cru, il ne quitterait pas son île. »

Un autre témoin rapporta qu'il avait entendu dire à Bonaparte, pendant la traversée de l'île d'Elbe en France : « Si » j'avais voulu croire *ce sage* (en montrant le général Drouot) je ne serais » pas parti de l'île d'Elbe ; mais il y avait » encore plus de danger à rester. »

Quand le maréchal Macdonald, assigné comme témoin, eut rendu en pleine audience une justice éclatante à la conduite du général Drouot à l'armée de la Loire, ce dernier lui répondit avec émotion : « Tous mes vœux sont remplis, puisque » j'ai mérité l'estime d'un des plus vail- » lans chevaliers de France. » L'interrogatoire étant terminé, il adressa à ses juges le discours suivant :

« Habitué à chercher la gloire au mi- » lieu des plus grands dangers, je ne dé- » shonorerai point par la dissimulation » une vie loyale et honorable. Lorsque » Napoléon abdiqua l'empire, en avril » 1814, j'étais son aide-de camp. Je lui

»avais été dévoué dans sa prospérité ; mon »attachement pour lui s'est augmenté en »raison de sa mauvaise fortune. Le 20 »août, j'ai renoncé à mes fonctions en »France pour suivre Napoléon. En arri- »vant à l'île d'Elbe, je reçus de nouveaux »emplois de ce nouveau souverain. »Je lui renouvelai mes sermens, et »je ne m'occupai plus de la France que »par les vœux que je faisais pour sa pros- »perité ; mais en même-temps on ne parla »à l'île d'Elbe qu'avec respect du Roi et »de la famille royale. Des pamphlets et »des caricatures ayant été apportées dans »l'île, je les fis arrêter et j'éloignai les »colporteurs. Jusqu'au mois de février, »rien n'annonça des projets de départ. Du »15 au 20, Napoléon me dit que la France »était malheureuse, et qu'il voulait y »rentrer. Je m'y opposai de tous mes ef- »forts ; mais, après avoir fait ce qui m'é-

»tait humainement possible pour détruire »cette funeste résolution, mon devoir »m'ordonnait de suivre mon souverain. »Vous connaîssez la marche de Napoléon »jusqu'à Paris; j'ai dû m'unir aux actes »que faisait celui auquel j'avais juré »fidélité. Cette promesse devenait plus »sacrée par les dangers que je courais, et »par ceux qui menaçaient Napoléon. Je »n'ai eu aucune vue d'ambition ni d'in- »térêt personnel : Napoléon savait que »je ne voulais ni honneur, ni richesses. »Lorsqu'il eut abdiqué le 21 juin, je fus »dégagé du serment que je lui avais prêté: »dès-lors je me suis rendu au poste que »le salut de la France m'assignait. J'ac- »ceptai le commandement de la garde qui »me fut conféré par la commission du »gouvernement provisoire. Les services »que j'ai rendus me dédommageront des »malheurs qui pourraient m'arriver. J'ai

»maintenu la discipline parmi des trou-
»pes que le malheur pouvait exaspérer.
»L'armée a suivi l'exemple de cette
»brave garde que je commandais, et Paris
»a été sauvé. Sur la Loire, j'ai suivi les
»mêmes principes; j'ai hâté la soumis-
»sion au Roi, et j'ai facilité le licencie-
»ment. Dès ce moment, le Roi a pu
»compter sur ma fidélité. Quand j'ai
»connu l'ordonnance du 24 juillet, je me
»suis rendu volontairement, et j'ai couru
»au-devant du jugement que je devais
»subir. Si je suis condamné par les hom-
»mes, qui ne jugent les actions que par
»les apparences et d'après les évènemens,
»je serai absous par mon juge le plus impla-
»cable, ma conscience. Tant que la fidéli-
»té aux sermens sera sacrée parmi les hom-
»mes, je serai justifié; mais, quoique je
»fasse le plus grand cas de leur opinion,
»je tiens encore plus à la paix de ma cons-

»cience. J'attends votre décision avec »calme. Si vous croyez que mon sang »soit utile à la tranquillité de la France, »mes derniers momens seront encore »doux.....»

Le conseil de guerre, présidé par M. le lieutenant-général Danthouard, acquitta le général Drouot à la majorité suffisante de quatre voix contre trois. Aussitôt que le Roi eut connaissance de ce jugement, Sa Majesté déclara que son intention n'était pas que le ministère public se pourvût en révision. Des ordres furent donnés pour que le général Drouot fût mis en liberté, avant l'expiration du délai de vingt-quatre heures que le procureur du Roi s'était réservé. Peu de jours après, il partit pour Nanci, où il consacre tous ses momens à l'étude.

— Pendant une bataille, une demi-brigade est commandée pour aller renforcer la ligne qui commençait à plier. L'ordre arrive au moment où l'on allait distribuer l'eau-de-vie. Pas un instant à perdre ! A vos rangs! en avant, marche ! Il fallut partir sans rogome. Un grenadier, pour qui la privation avait été bien cruelle, reçoit la première balle dans le bras. On le porte à l'ambulance ; là, on panse sa blessure avec de l'eau-de-vie, la charpie, les compresses en sont imbibées. « Corbleu! s'écrie le grenadier, une liqueur »comme çà bue par des chiffons !..... »Bois, charpie, bois ! tu bois ma ration. »

— Dans la campagne d'Italie, le général en chef envoya à un général de division l'ordre de la tenir à une distance donnée, en consultant l'échelle..... L'échelle!.... c'est bientôt dit, répond cet officier dont la bravoure l'emportait sur la science, l'infanterie passera bien avec des échelles; mais ma cavalerie comment fera-t-elle ?

— MONSIEUR, comte d'Artois, colonel des gardes nationales de France, a dit une infinité de choses aimables, comme Prince, comme Français et comme Militaire. Dans un voyage qu'il fit à Cherbourg, il se trouvait dans une petite chaloupe; un garde national, voulant entrer dedans, fit un faux pas et tomba sur la poitrine du prince, qui lui dit avec une grâce inexprimable : « Restez-là, mon »ami, vous ne pouviez mieux faire que de »tomber sur mon cœur; c'est la place de »tous les Français. »

— MONSEIGNEUR le duc de Berry, ayant entendu un soldat qui criait vive l'empereur! s'approche et dit à ce vieux militaire : « Pourquoi cries-tu vive l'em-»pereur? — C'est parce qu'avec lui nous »allions à la victoire, répondit celui-ci. »— Parbleu! s'écria le duc de Berry, qui »n'irait pas avec des gens comme vous?... »

— Sa Majesté Louis XVIII, lors de sa première entrée, dit à MM. les maréchaux de France : « Messieurs les maré-»chaux, c'est sur la valeur française que »je veux m'appuyer désormais; ainsi »c'est vous qui me soutiendrez. »

— Un officier français ayant eu les deux jambes emportées par un boulet de canon, les fit enterrer à l'endroit même où il les avait perdues; ensuite il leur éleva un petit monument, et grava dessus ces quatre vers :

« Passans les plus ingambes,
» Ne faites pas les forts,
» Là, reposent mes jambes
» En attendant mon corps. »

— Un soldat proposait à son camarade de boire un verre de vin par chaque victoire des armées françaises : « Tu veux » donc que nous restions sous la table? » lui répondit ce brave.

— Un autre se trouvant sur le point de perdre son drapeau, s'entortilla dedans, en s'écriant : Puisque je le perds, je ne retournerai pas au camp sans lui, et il préféra se laisser prendre.

— Un autre plus courageux, après avoir

défendu son drapeau avec une intrépidité sans exemple, se vit forcé de l'abandonner; il demanda la permission de l'embrasser; et, quand il l'eut fait, il se brûla la cervelle, en disant : Quand on a perdu »son honneur, on n'a plus besoin de la »vie. »

— EGLIN, caporal dans la neuvième compagnie d'ouvriers du corps d'artillerie, donna, à la bataille de Permsine, la preuve d'un grand courage. Les timons rompus de deux caissons allaient forcer la compagnie d'artillerie légère de les abandonner sur le champ de bataille. Eglin, secondé par un de ses camarades, nommé Gorsier, canonnier, court au parc chercher deux timons de rechange, les reporte sur le champ de bataille; et, malgré le feu de l'ennemi, se met au travail avec autant de sang-froid que s'il eut été dans son atelier, replace les deux timons, et parvient ainsi à sauver les deux caissons.

— Voici un fait dont, sans exagération, on ne trouve d'exemple que dans les armées françaises. Coste, caporal des chasseurs à pied de la vieille garde, apercevant que le porte-drapeau de la dix-huitième demi-brigade à laquelle il appartenait, se trouvait enveloppé par des hussards ennemis dont le nombre allait l'accabler, vole seul à son secours, fait face à l'ennemi, l'arrête, tue deux hussards, en blesse plusieurs autres, contraint le reste à prendre la fuite, délivre son officier, sauve le drapeau ; c'est peu : il voit qu'un corps de Français, obligé de se replier, est forcé de passer sous les tours de Neukirken, que les ennemis y sont en force, et peuvent incommoder les Français à leur passage ; n'écoutant que son intrépidité, il se fait suivre de quelques-uns de ses camarades, court à l'entrée de la ville, brave une grêle de balles que l'on fait pleuvoir sur lui, s'empare des portes, les ferme, empêche ainsi les ennemis d'exécuter la sortie qu'ils méditaient ; et par ce trait d'une audace inconnue jusqu'à nos jours, facilite la retraite de ses compatriotes, qui s'effectue sans aucune perte.

— PENDANT la retraite qui suivit la désastreuse bataille de Mont-Saint-Jean, deux compagnies d'artillerie à pied de l'ex-Garde s'arrêtèrent, sous les ordres d'un de leurs chefs, près de Soissons, dans un village écarté de la route. Afin de pourvoir sans confusion à la nourriture du détachement, le maire fut appelé, et reçut l'ordre de faire les distributions accoutumées ; en un moment, tout le pain nécessaire fut rassemblé, chacun des habitans en ayant donné sa part. Quant à la viande, le maire ordonna que celui qui devait fournir une vache pour la distribution, fût désigné par le sort qui tomba sur une pauvre femme, vieille et infirme, qui se traîna, appuyée sur son bâton, jusques devant le front du détachement, pour faire des représentations au maire. « Cette vache qu'on veut m'ô»ter, s'écria-t-elle dans son langage naïf, »est tout mon avoir ; depuis long-temps »elle me connaît ; c'est en même temps »ma richesse et ma compagne : si vous la »tuez, il ne me reste plus qu'à mourir »après elle. » Le maire resta inflexible ; et déjà la hache était levée sur le front de l'animal, lorsque les canonniers s'écrièrent, d'une commune voix : « Arrê»tez, nous ne voulons point de viande ! »

On rendit la vache à la vieille paysanne, qui la reconduisit dans sa chaumière en versant des pleurs de joie et de reconnaissance. Sa joie ne fut pas de longue durée; le surlendemain, les troupes étrangères entrèrent dans ce même village....

— CHAUDIER, grenadier dans le quatre-vingt-cinquième régiment de ligne, se distingua, au siége de Mantoue, par un trait admirable de dévoûment. Une maison était située sous les remparts de cette ville, elle était favorable aux ennemis, et l'on présumait qu'elle renfermait des munitions de guerre; il s'agissait de l'incendier. Chaudier se propose pour cette expédition périlleuse. Il se déshabille, se jette à la nage, prend une mèche allumée entre ses dents, arrive à la maison, à travers une grêle de balles, y met le feu et revient rejoindre son corps. Cette action d'éclat lui valut un sabre d'honneur.

— L'HISTOIRE a donné de justes éloges au Romain courageux qui défendit un pont contre une armée. Eugène CHATROUZE fit davantage ; le Romain se borna à se défendre, et le Français attaqua. En l'an 6, Chatrouze se trouve en Suisse devant le pont de Guémius, défendu par quatre bataillons et une nombreuse artillerie. Notre héros, suivi de trois de ses camarades, s'élance sur le pont ; rien ne l'arrête, ni la mousqueterie, ni la mitraille, ni les boulets, il brave et surmonte tous les obstacles, tous les dangers ; il joint l'ennemi, l'attaque, l'étonne, le déconcerte Quatre Français enfin parviennent à forcer quatre bataillons à la retraite. Ils se rendent maîtres d'un pont si puissamment défendu, et ouvrent à l'armée un passage qui lui trace et lui facilite la victoire.

— A la bataille de Waterloo, un porte-enseigne écossais ayant été blessé mortellement, tomba dans un fossé. Un de ses camarades, n'apercevant plus le drapeau, alla droit au fossé où il avait vu tomber l'Ecossais; pendant ce temps, la vieille Garde chargeait avec vigueur. L'Ecossais fit de vains efforts pour arracher le drapeau des mains du soldat blessé, et, voyant qu'il n'en pouvait venir à bout, il chargea son camarade sur ses épaules, emportant de cette manière l'homme et l'enseigne. La Garde, qui chargeait les Ecossais, témoin de cette belle action, s'arrêta tout-à-coup, en criant : « Bravo!.... bravo!.... l'Ecossais!.... » et elle ne continua sa charge que lorsque ce brave soldat eut rejoint sa compagnie.

(Nous citons ce trait, parce qu'il fait autant d'honneur aux troupes françaises qu'au soldat étranger.)

— Au fameux combat de Syène, le général Desaix battit les beys de la Haute-Egypte, quoique les Mamelucks fussent beaucoup plus nombreux que les Français. Dans cette mémorable journée, l'aide-de-camp Montléger fit un trait de bravoure et de présence d'esprit qui mérite d'être rapporté. Se trouvant pris par un gros de Mamelucks, on lui dit de se rendre; il le refusa. Un Mameluck lui tira un coup de fusil qui lui cassa un bras : tous les Mamelucks crièrent : « Il est pris, » il est pris.... — Oh ! que non, » répondit Montléger. Au même instant il tire un coup de pistolet à un Mameluck qui voulait l'arrêter, le tue, se saisit de son cheval, monte dessus, et regagne le camp français.

— LEBLANC, caporal au soixante-seizième régiment d'infanterie de ligne, à Tanius en Suisse, tomba sur un caisson de l'ennemi, s'en empara et coupa les traits des chevaux qui y étaient attelés. Poursuivant sa marche victorieuse, il se précipita seul sur le pont de Richenau, derrière lequel les Autrichiens cherchaient à se rallier, il les étonna en criant: « A moi, camarades! » Ils se croient suivis, leur trouble s'en augmente; il fond sur eux, sabre tout ce qu'il rencontre, et ne s'arrête enfin que lorsqu'il les a mis en fuite.

— L'ENNEMI avait envahi plus de cent lieues de notre territoire, quand Championnet fut nommé général en chef de l'armée des Alpes. Commander, pendant ces revers, était à-la-fois une témérité et un dévoûment sublime : il parvint à former une armée. Il battit l'ennemi à l'Assiète, emporta Suze et débloqua Finistrelle et Coni. Il s'avançait dans la plaine, lorsque le général Joubert perdit la sanglante bataille de Novi.

Le général Bernadotte, ministre de la guerre, jugea Championnet digne de remplacer Joubert, et lui promit des secours. Malheureusement cet illustre guerrier, ami des soldats, quitta le ministère, et ses promesses ne furent pas remplies.

L'ennemi menaçait Gênes ; Championnet conçut un plan hardi : il voulait marcher sur Bra, percer le centre des Autrichiens, en isoler les forces, et vaincre une grande armée par la vitesse et la science des mouvemens. Le petit nombre de nos soldats seconda mal le courage ; nous fûmes vaincus par les Autrichiens. C'est le seul revers que Championnet ait jamais éprouvé. Cependant ce général était pressé par deux ennemis plus redoutables ; la famine et l'épidémie. Des corps, jusqu'alors soumis, abandonnaient le camp : à Nice, nos malades et nos blessés étaient entassés dans les églises sur de la paille qui n'avait pas été renouvelée depuis deux mois : la charpie des hôpitaux portait des marques certaines qu'elle avait déjà servi. Pour tout secours, les malades recevaient du pain et de l'eau, tandis que d'infâmes fournisseurs se jouaient de la vie de tant d'infortunés dont leur avarice creusait les tombeaux. « Je vous le déclare, écrivait le général en chef au ministre, si de prompts secours ne me sont envoyés pour les hôpitaux, je ferai connaître publiquement aux pères et aux mères de famille les assassins de leurs enfans, et à l'Etat les bourreaux de ses défenseurs. » Les soldats ne prolongaient leur vie qu'en se nourrissant d'herbes et de racines; plusieurs s'empoisonnèrent, trompés par des plantes vénéneuses. Un trait peindra le désespoir de Championnet au milieu des calamités de son armée: rougissant de honte, il donna l'ordre de courir sur la mer pour arrêter les bâtimens chargés de subsistances. « Ah! s'écria-t-il, dans sa fureur, »j'ai avalé le calice jusqu'à la lie; je ne »crains plus les coups du sort; il a tout »épuisé : je me transforme en brigand. » Cependant la contagion, aussi rapide que la peste, achevait de dépeupler son armée; une mélancolie sombre s'empara de son cœur et sembla effacer jusqu'au souvenir de ses victoires; d'autant plus infortuné qu'il cachait de si justes larmes. L'épidémie vint le surprendre dans ce cruel affaisement; il ranima un instant ses forces pour se traîner au combat : dans son agonie, il ne parla que des besoins de l'armée et du salut de l'État; il demandait sans cesse si des vaisseaux chargés de blé étaient arrivés de Marseille, si on avait battu les Autrichiens. « Mes amis, s'écria-t-il » en expirant, allez consoler ma mère. Mon » seul regret est de ne pas mourir, comme » Joubert, sur le champ de bataille. » Il mourut à Antibes, le 19 nivose an 8.

Paris, qui, à chaque phase de cette inconstante révolution, dressa des statues, même à des hommes vivans devenus si horriblement célèbres, n'honora pas d'une pompe funèbre ce guerrier que ses revers lui avaient fait oublier. La petite ville (1) qui l'avait vu naître, lui rendit ces derniers honneurs que toute la France lui devait. Un officier (2), qui avait perdu un bras en combattant à ses côtés, loua ses vertus près d'un simple monument. Au milieu des larmes que cette touchante cérémonie fit couler, cet éloge sortit du cœur oppressé d'un pauvre laboureur qui l'avait connu dans son enfance. « La fortune des armes l'avait »élevé au-dessus de nous : quand il re-»vint dans son pays, il ne méconnut ni »les pères ni les enfans. »

— DUMOURIEZ, dans la crainte que

---

(1) Valence.

(2) M. le colonel Mermillod.

Dampierre ne rejetât sa proposition d'introduire les Autrichiens en France, (même sous le prétexte de punir les ennemis que ces deux généraux avaient à la Convention nationale) le relégua loin de l'armée, au Quesnoi, avec le seul régiment de Flandre et deux bataillons de Paris. Dampierre y apprit que son général en chef allait livrer la France aux généraux de l'Autriche. Il jura, avec ses deux mille soldats, de s'ensévelir plutôt sous les ruines de la citadelle. A peine quelques citoyens osaient-ils se montrer sur la place publique ; on croyait voir approcher la guerre civile. Dampierre, suivi du général Gobert, chef de son état-major, et de deux aides-de-camp, le front serein au milieu des communes alarmes, rappela aux soldats leur serment d'être fidèles à leur pays. Leur émotion éclata lorsqu'il fit entendre ces dernières paroles : « Soldats, nous avons tous juré de »défendre nos lois et notre liberté. Eh »bien! ce serment que Dumouriez fit »avant nous, il l'a violé le premier : il »vend la patrie à nos implacables enne- »mis. Vous frémissez d'un tel crime. »L'honneur parle; il sera plus puissant »que la voix du traître qui vous a sé- »duits. Jurons de périr sous les débris en- »flammés de cette ville, avant de la li- »vrer aux Autrichiens. » Les soldats ré- pétaient à peine ce serment, que Dam- pierre apprend que les représentans du peuple l'ont nommé général en chef de l'armée du Nord pour l'opposer à Dumou- riez. Il part pour Valenciennes, qui avait fermé ses portes aux soldats envoyés pour s'en emparer, et où le commandant Fer- rand avait su garder pendant cette crise un calme et une discipline admirables. Il conjura nos troupes de ne point déchirer le sein de la patrie pour l'intérêt d'un seul homme. L'amour des soldats pour Dampierre, et l'ardent patriotisme des volontaires qui préféraient la patrie à un général, décidèrent le retour de l'armée, et affermirent sa fidélité au Gouvernement. Le bataillon de l'Yonne, commandé par M. Davoust, depuis maréchal de France, donna le premier exemple; il fut sur le point d'arrêter Dumouriez, qui lui échappa. En moins de trois jours, Dampierre parvint à réunir toute l'armée sous les murs de Valenciennes.

Le découragement se joignait à l'affaiblissement. Denain, sous la protection des forteresses, permettait d'attendre les recrues d'une levée de trois cent mille hommes ordonnée par la convention, d'y faire les apprêts de la campagne et de la levée du siége de Condé, avant que cette place fût réduite à l'extrémité. Un ordre des représentans du peuple lui fit abandonner ce plan conforme à nos revers, pour faire marcher au secours de Condé une armée réduite à vingt-mille soldats abattus, mal armés, incapables de résister à quatre-vingt mille Autrichiens bien conduits, et fiers d'avoir chassé, en moins d'un mois, cette armée française de la Hollande et des Pays-Bas. Dampierre vint occuper le camp de Famars, non loin du petit ruisseau fangeux nommé Rouelle. Le cours de l'Escaut qui sépare la ville de Condé, avait fait partager en deux corps l'armée autrichienne ; sa position semblait prescrire aux Français de ne livrer bataille qu'à l'une des deux ailes. Dampierre, sorti du camp à la pointe du jour, trompe l'ennemi par une fausse attaque sur l'autre bord du fleuve, renverse ce qui est devant lui, emporte plusieurs villages et se fait jour jusques près de Quiévrain. Cette armée autrichienne était vaincue, si on ne lui avait pas laissé le temps de revenir de sa première frayeur. L'aile gauche des Français s'avançant par la grande route de Valenciennes secondait l'effort heureux de l'aile droite, où Dampierre commandait en personne; mais dans presque toutes les batailles, un seul point faible qu'on néglige, est ce qui les fait perdre. L'irrésolution de quelques troupes du centre et la lenteur d'un régiment qui devait s'y porter, permettent à l'ennemi de nous enfoncer, et forcent l'aile de Dampierre à la retraite. Ce général fit rentrer toute l'armée au camp de Famars dans un ordre aussi calme que s'il l'eût ramenée d'une manœuvre de paix. Cette tentative malheureuse, la vue du sang inutilement répandu ne purent ouvrir les yeux des fougueux représentans du peuple, aussi utiles pour enflammer le patriotisme des soldats qu'inhabiles à les conduire. Sans doute la Convention nationale eut le droit de surveiller nos armées ; mais un funeste attribut de ses délégués dans les camps fut le pouvoir, usurpé sur des généraux, d'ordonner un changement de position ou de livrer des batailles. Cette opinion, qu'un de nos historiens a osé produire sous le règne de nos assemblées parut sévère à quelques hommes, y dédaigna de vains ménagemens qui n'eussent été utiles qu'à lui seul. Ce devoir n'est que la tardive justice de l'histoire. Quand la nation ne lui devrait que le seul bien d'empêcher les mêmes erreurs de se reproduire, l'histoire serait une des plus belles fonctions de la république des lettres qui a rendu tant d'autres services au genre humain.

Dampierre ne put fléchir la volonté de ces fiers représentans du peuple : ils avaient vu, dans le combat heureux d'une aile de l'armée, l'infaillible espoir de battre l'ennemi. Cette volonté absolue, et peut-être la crainte de leur céder en audace, le forcèrent à recommencer une attaque, sa seule espérance était de vendre chèrement sa vie. Les Autrichiens avaient renforcé la gauche de leur armée; il décida de la faire inquiéter par des détachemens du Quesnoi et de Landrecies, tandis qu'on passerait l'Escaut pour attaquer leur aile droite. Le général Lamarlière, accouru de Lille contre Saint-Amand, devait prendre cette aile à revers, au moment où Dampierre, à l'avant-garde de son armée à côté du brave Kilmaine, emportait de front le village de Reymes. L'ennemi, poursuivi vers Saint-Amand, était repoussé sous les murs de Condé, si Lamarlière eût secondé l'impétuosité de tous les autres régimens;

mais ses soldats, loin de la mêlée, firent à peine entendre un feu mourant d'artillerie. L'Autrichien, qui d'abord avait songé à la retraite, rassuré sur St.-Amand, change brusquement de résolution, et fond avec toutes ses forces sur l'avant-garde de Kilmaine abandandonnée des soldats de Lamarlière, et lui enlève le village de Reymes. Dampierre accourait à l'avant-garde par le chemin de l'abbaye du bois de Vicoigne, lorqu'il eut la cuisse emportée d'un boulet parti d'une batterie autrichienne. Les regrets des soldats éclatèrent avec violence : la douleur se répandit sur leurs traits comme une ombre funèbre. Les uns redemandent leur père, les autres viennent de moment en moment savoir si la blessure est mortelle et s'il pourra les commander encore. Ce n'étaient point ces visites de corps, où l'on rend à la place ce qu'on refuse à l'homme ; c'était l'intérêt sincère de vieux soldats couverts de cicatrices, et de ces grenadiers d'élite qui l'avaient vu les précéder dans les batailles. L'armée entière laissa le camp désert pour jeter un dernier regard sur son général ; on fut obligé de consigner les soldats sous leurs tentes. Les chirurgiens lui coupèrent la cuisse ; il expira six heures après l'opération. Quand sa mort fut annoncée, les soldats, la tête baissée et dans un morne silence, parurent immobiles comme ces statues qui pleurent sur les tombeaux. L'ennemi sembla respecter le deuil de l'armée. Tout le temps qu'elle rendit les honneurs funèbres à son général, les Autrichiens laissèrent reposer leurs armes sur cette terre malheureuse, vaste tombeau que nous allions leur disputer encore ; et lorsqu'ils s'emparèrent du camp français, ils mirent des gardes près du monument que de pauvres soldats avaient élevé.

La perte de la bataille de Famars, le 23 mai, et l'invasion des Autrichiens dans la Flandre française, justifièrent l'opposition de Dampierre aux ordres qui l'avaient forcé à tenter le sort des armes. Quelques mois après sa mort, un orateur de la Convention, dont les traits pleins de douceur cachaient une âme cruelle et barbare, Couthon, que nous avons vu périr depuis comme complice du tyran, voulut révéler à l'assemblée qu'il n'avait manqué que quelques jours à Dampierre pour faire le malheur de son pays. Tout le corps des représentans de la nation repoussa cette calomnie contre un guerrier malheureux, mort pour la défense de son pays.

Nous ne savons si on doit croire les

bruits qui coururent sur les causes de la mort de ce général. L'opposition violente des commissaires de la Convention; cette confidence à ses amis, « lorsqu'on est »parvenu à ce comble de malheur, il »faut savoir mourir; » l'ordre qu'il donna à son fils et à plusieurs officiers qu'il aimait, de combattre loin de lui, firent croire qu'il voulut trouver le terme d'une persécution que les calamités publiques lui rendaient désirable. Il nous a paru difficile de prononcer. Ce général qui, tant de fois, en des jours plus heureux, avait exprimé le souhait de voir la liberté affermie, ou de mourir en combattant pour elle, sembla rejeter le fardeau de la vie pour accomplir le dernier d'un vœu si beau, quand le tyran de la République lui ravit l'espoir de voir exaucer le premier.

Le meurtre des généraux Luckner, Bi-

TON, Custine, Houchard et Alexandre Beauharnais le firent estimer heureux d'avoir échappé au supplice qui l'attendait; et ceux même qui avaient pleuré sur son cercueil furent réduits à se féliciter de sa perte au milieu des malheurs de la patrie; tant la révolution qui avait fait désirer aux vieillards de longs jours pour jouir du bonheur, avait changé toutes les idées, et rendu indifférens sur la vie les hommes qui haïssaient cette révolution, et plus encore ceux qu'elle avait trompés!

—Le colonel Charles-Antoine HOUDAR DE LA MOTTE, arrière-petit fils de l'académicien de ce nom, auteur de la tragédie d'Inès de Castro, et d'opéra les meilleurs après ceux de Quinaut, naquit à Versailles en 1773. Au commencement de la guerre, le jeune Houdar, doué d'une belle figure et d'une taille avantageuse, entra dans les grenadiers de l'armée du nord; il combattit sur les bords de la Sambre, de la Meuse et de la Moselle; il se distingua, sous Kléber, à la bataille de Fleurus.

A la fin de l'an 3, l'armée d'Italie brûlait de sortir d'une inaction forcée : elle se grossissait de ses invincibles demi-brigades tant de fois triomphantes aux deux Pyrénées. Un homme extraordinaire allait la commander, lui donner l'impulsion de son génie, et commencer sa carrière de prodiges. Ce fut à cette époque qu'un brevet d'officier d'état-major appela Houdar sur les pas du vainqueur de l'Italie. C'est là, qu'après les premiers et étonnans travaux de la campagne, et aux approches des immortelles affaires de Rivoli, il trouva dans le général Baraguey d'Hilliers, qui le fit son aide-de-camp, un maître habile dans le métier des armes, un ami sûr, ou plutôt un père tendre : il fut l'élève de cet officier-général, comme ce dernier l'avait été des Custine et des Crillon.

Nous ne suivrons pas ce jeune officier dans la suite des campagnes d'Italie, cette marche difficile du Tyrol, où chaque pas était marqué par des combats de géans, et où il fixa souvent l'attention de Joubert ; dans les différentes actions qui amenèrent la paix de Campo-Formio ; à Venise, étonnée de se voir attaquée et conquise en un jour ; à Gènes, où se préparait l'expédition d'Orient ; à Malthe, où son corps mit pied à terre le premier ; au combat malheureux de *la Sensible ;* sur les côtes de l'Angleterre, où l'on se pressait pour voir trois officiers français qui avaient été les compagnons de gloire de l'*Italique ;* à l'armée du Rhin, où de sanglantes actions préparaient la victoire de Hohenlinden ; à l'armée des Grisons, où Macdonald avait ordonné de vaincre à la fois les élémens et les ennemis : dans cette longue suite de travaux guerriers, Houdar, parvenu au grade de chef de bataillon, n'en dut aucun à ces avancemens rapides qui peuvent attester de la vaillance, mais quelquefois aussi de la faveur. Cependant tous les regards se portaient vers l'Angleterre ; les côtes de l'Ouest devenaient une longue et formidable batterie, et Bonaparte achevait à Boulogne les préparatifs de César. C'est à l'un des camps élevés sur cette côte que Houdar reçut un témoignage éclatant de l'estime de Napoléon, et qu'il fut appelé au commandement du trente-sixième régiment, l'un des plus distingués de l'armée par son courage et sa discipline.

Houdar se chargea, avec modestie, de cet honorable fardeau, et se montra digne de le porter. Il avait l'habitude de bien obéir; il eut bientôt le talent de bien commander; il avait le sentiment de la discipline, l'amour de l'ordre et de l'exactitude, une équité sévère, une probité scrupuleuse, une délicatesse à toute épreuve; il obtint bientôt le respect, l'estime et l'amour de son brave régiment.

La guerre s'étant reportée en Allemagne avec la rapidité de la foudre, le trente-sixième régiment se distingua aux combats d'Ulm et de Memmingen; à Austerlitz, il faisait partie du corps de l'intrépide maréchal Soult, et de cette division Saint-Hilaire, qui eut une part si glorieuse à la victoire et aux récompenses décernées par Napoléon.

Houdar fut légèrement atteint d'une balle à cette sanglante journée; il eut un cheval tué sous lui : c'était le premier tribut payé aux hasards de la guerre qu'il avait bravés tant de fois. Napoléon, parmi tant de régimens qui s'étaient couverts de gloire à Austerlitz, regretant de ne pouvoir les nommer tous, cita honorablement le trente-sixième, et fit son colonel commandant de la légion d'honneur.

Son corps réparait ses forces dans la Haute-Bavière, lorque la guerre l'appela vers les frontières de la Saxe, et bientôt sur le champ de bataille de Jéna. Ce fut encore sous les ordres du maréchal Soult que le trente-sixième régimen y combattit avec une obstination et un acharnement devenus nécessaires pour emporter un bois vivement défendu par un corps prussien fortement retranché : c'est en dirigeant cette attaque, et en se portant rapidement au secours d'un autre corps en danger, que le colonel Houdar fut emporté par un boulet de canon.

Jamais officier n'inspira de plus justes regrets. Les chefs de son corps, les généraux témoins de sa mort, le maréchal Soult, sous les yeux duquel il avait été frappé, rendirent un hommage unanime à sa conduite, à son courage, à son habileté; leurs lettres sont devenues des titres précieux à sa famille, dont il était l'honneur, dont il eût été le restaurateur et l'appui.

La révolution l'avait surpris au milieu de son éducation; il eut le rare mérite de la perfectionner dans les camps sous les yeux du chef qui était son ami. il y fut l'ouvrage du général Baraguey-d'Hilliers, auquel il se plaisait à reporter tout ce qu'il avait de bon, et tout ce qu'il avait fait de bien. Sa reconnaissance envers ce général, son profond et tendre respect pour son père, son amour pour une mère inconsolable, dont il était l'orgueil et l'idole, son attachement pour ses proches et pour quelques amis vrais, et, par-dessus tout, le sentiment de ses devoirs, tels furent constamment les besoins de son âme, ses affections et ses plaisirs. On ne peut citer un plus noble caractère, une loyauté plus parfaite, une piété filiale plus constante : ses mœurs avaient été pures, et elles seraient devenues rigides : excellent fils, ami parfait, il eût été le plus fidèle et le plus délicat des époux et le meilleur des pères.

Avec lui s'éteint un nom distingué dans les lettres, et qui se fût illustré dans les armes.

Le monument élevé à la gloire de la grande armée devait offrir ses traits conservés par le ciseau du statuaire, et l'une des voies publiques destinées à conduire au pont de Jéna devait porter son nom : ainsi l'avait ordonné le chef de l'ancien gouvernement dans une de ces dispositions d'estime et de gratitude dont il aimait à payer le dévoûment des victimes de la guerre. Il dit même, au moment où il apprit qu'Houdar de la Motte avait été tué : *J'en suis fâché, il avait toutes les qualités nécessaires pour devenir un grand homme de guerre.*

(Bataille de Lutzen.) — Le centre de notre armée était commandé par le prince de la Moskowa, au village de Kaïa. La gauche, appuyant à l'Elster, était sous les ordres du prince Eugène, et le duc de Raguse, au défilé de Poserna, tenait la droite. La garde était au centre, en arrière de la ligne, près le village de Lutzen, et le général Bertrand, commandant le quatrième corps, devait tenir la droite du duc de Raguse, et chercher à prendre l'ennemi par son flanc gauche. Le champ de bataille avait près de deux lieues d'étendue. Dès neuf heures du matin, le général Lauriston, qui tenait l'extrême gauche, s'approcha de Leipsick et commença l'attaque. L'armée se portait en avant dans le même ordre, lorsque tout-à-coup, à dix heures, on entend une forte canonnade sur les derrières de notre flanc droit. C'était l'armée alliée entière qui débouchait par Pégau et Zeist, lorsque nous la croyions derrière Leipsick, sur notre front. Napoléon, surpris, fait faire alte à l'armée, il médite quelques instans, change aussitôt son plan; fait exécuter un changement de front sur sa droite, et rétrograder sur Lutzen les troupes qui étaient en marche sur Leipsick. En même temps il donne ordre au prince Eugène d'appuyer sur le centre à Kaïa, et se porte de sa personne sur ce dernier endroit. Le général Blucher qui commandait le centre des alliés attaquait Kaïa; la droite, aux ordres du général Yorck, soutenait le centre, et le général Wintzingerode cherchait avec la gauche à tourner notre droite et à s'emparer de la route de Weissenfelds. Wittgenstein commandait en chef; l'empereur Alexandre et le roi de Prusse étaient présens.

Notre position était critique. L'étendue

du champ de bataille ne permettait pas à notre gauche d'arriver promptement au secours de notre centre. Le maréchal Ney, attaqué d'abord à l'improviste par des forces triples, avait été forcé d'évacuer Kaïa; l'avait repris ensuite, et l'avait encore quitté; mais l'ennemi s'y maintenait malgré nos efforts pour l'en chasser, déjà même l'avait dépassé, et marchait toujours sur notre centre qui commençait à faiblir. Tout l'effort des alliés se portait sur ce point. Le prince de la Moskowa, les généraux Souham et Girard étaient toujours dans la mêlée, et faisaient face partout. Blessé de plusieurs balles, le général Girard ne voulut point quitter le champ de bataille, déclarant qu'il voulait y mourir à la tête de ses troupes, *puisque le moment était arrivé pour tous les Français qui avaient du cœur, de vaincre ou de périr.*

Il était six heures; le général Compans, commandant une division du duc de Raguse, avait repoussé une attaque faite sur notre extrême droite. Le général Bertrand, à son tour, menaçait le flanc gauche des alliés. Le prince Eugène était enfin entré en ligne, et le maréchal Macdonald abordait les Prussiens, formant l'aile droite. Dans ce moment, l'ennemi fait un nouvel effort par son centre. Nos troupes faiblissent; assaillies de tous côtés par une innombrable cavalerie à laquelle nous ne pouvons opposer la nôtre, trop inférieure en nombre, elles plient, et le désordre se met dans leurs rangs. Napoléon voit la bataille perdue s'il ne repousse cette impétueuse attaque. Il s'élance parmi les troupes débandées; les rallie, et les ramène lui-même au combat. Il ordonne au général Drouot de porter quatre-vingts pièces de canon près le village de Starsiedel, et de battre en brèche dans les masses ennemies qui s'avancent de Kaïa. Le duc de Trévise, avec la jeune garde, se précipite sur ce village, et Napoléon s'avance lui même à la tête de la vieille Garde, formée en carré, et soutenant la batterie de quatre-vingts pièces, qui avance à mesure que ses coups assurent nos succès. En vain la cavalerie ennemie se précipite-t-elle sur nos carrés : comme en Egypte, nos carrés sont inébranlables. A son tour, l'ennemi ne peut résister à cette vigoureuse attaque; il est enfoncé sur tout son centre, et abandonne Kaïa, qui était la clef de sa position. Notre droite fait alors un changement de direction vers notre gauche, refoule la gauche ennemie sur son centre, qui est toujours poursuivi par la terrible batterie et par nos carrés. Dès ce moment les alliés fuient de toutes parts, et la bataille est gagnée. La nuit était arrivée; déjà l'on se préparait au repos, lorsque tout-à-coup, vers les neuf heures, un corps de cavalerie tombe à l'improviste sur notre flanc droit, à deux cents pas du carré où se trouvait Napoléon. Heureusement il fut repoussé promptement, et cette dernière attaque mit fin à une journée aussi sanglante que glorieuse.

C'est ainsi que furent vengées nos dernières défaites en Russie. C'est ainsi qu'une armée de cent vingt mille hommes, pour ainsi dire improvisée, n'ayant que deux mille hommes de cavalerie, vainquit une armée aguerrie, composée de trente-cinq mille cavaliers et de cent trente mille fantassins. Notre perte fut de quinze mille tués ou blessés. Le général Gourré, chef d'état-major du maréchal Ney, fut du nombre de ces derniers.

Celle des alliés s'éleva à vingt-cinq mille hommes ; le prince de Hesse-Hombourg fut tué, et le général Blucher y fut grièvement blessé.

Nous ne fîmes prisonniers que quatre à cinq mille blessés que l'ennemi fut obligé d'abandonner ; le manque de cavalerie nous empêcha de profiter plus fructueusement de la victoire, et l'armée alliée se retira derrière l'Elbe sans essuyer d'autres pertes. Au temps de nos conquêtes, une bataille gagnée détruisait une armée, et nous soumettait un empire.

Peu s'en fallut, comme nous venons de le voir, que l'armée française, surprise dans sa marche sur Leipsick, ne fût battue. Son chef avait commis la faute de donner trop d'extension à sa ligne de bataille, et de rendre son aile gauche trop forte aux dépens de son centre qui, ne pouvant être soutenu promptement en cas d'attaque, devait être enfoncé. Il l'aurait été immanquablement si des généraux et des troupes moins braves que les généraux et les soldats français y eussent combattu. Mais si Napoléon commit une imprudence, il la répara savamment par le mouvement concentrique de ses deux ailes au moment où il fut attaqué, une heure d'hésitation ou de tâtonnement l'eût perdu sans retour; il changea son plan de bataille aussi brusquement qu'il fut attaqué, et la victoire de Lutzen lui fit ressaisir en Allemagne son influence prête à lui échapper.

Le matin de la bataille, Napoléon avait paru fort occupé de se trouver sur le même terrain où Gustave-Adolphe avait péri en remportant une victoire sur les Autrichiens en 1632. Soit qu'il voulût trouver quelques rapports de dates, chose qui lui a toujours plu, ou quelque similitude de positions, il s'informa à plusieurs reprises des moindres détails qui tenaient à cette première bataille de Lutzen. Le hasard, cependant, ne mit aucune ressemblance entre les deux combats. La route de Lutzen à Leipsick était le seul intervalle qui sépara les deux armées en 1632 ; les Autrichiens occupaient la plaine à gauche et les Suédois celle qui est à droite ; tandis qu'en 1813 le champ de bataille s'étendait tout entier sur la droite de la route, du côté de Lutzen, vers Zeist et Pégau.

INSURRECTION DE MADRID. — Depuis la paix de 1795, une étroite union existait entre la France et l'Espagne ; les flottes des deux nations avaient combattu ensemble contre celle des Anglais, et les princes d'Espagne qui régnaient à Parme avaient reçu, en échange de cette principauté, la Toscane sous le titre de royaume d'Etrurie. Aucun nuage n'était venu troubler l'amitié des deux puissances, lorsque tout-à-coup, au moment le plus inattendu, une proclamation appelle les Espagnols aux armes. Elle était l'ouvrage de don Emmanuel Godoy, prince de la Paix, premier ministre et favori de Charles IV, qui abusa de la faiblesse du monarque en la lui faisant approuver.

Le but de cette proclamation n'était pas déterminé, la France n'était pas nommée; mais le style en était assez enveloppé pour prêter à toutes les interprétations que les circonstances exigeraient.

Napoléon en eut connaissance sur le champ de bataille de Jéna, au moment où venait de s'écrouler la monarchie prussienne. Il n'eut pas de peine à démêler la vérité, et *jura que l'Espagne le lui paierait.*

Vainement le prince de la Paix, sommé de répondre sur la destination de l'armement de l'Espagne, répondit que la crainte seule d'une attaque de la part du roi de Maroc l'avait nécessité. Napoléon vit clairement que s'il eût été vaincu à Jéna, les Pyrénées eussent été franchies par une armée espagnole. Il résolut donc de se soustraire pour l'avenir aux craintes d'un semblable évènement, et dès-lors toutes ses pensées, toutes ses actions tendirent à la réussite d'un plan que le machiavélisme le plus effronté allait bientôt faire réussir.

De retour à Fontainebleau, après la paix de Tilsitt, Napoléon feignit de croire à la vérité des assertions du prince de la Paix, et pour mieux tromper le ministre imprudent, il conclut un traité avec l'Espagne par lequel, disposant du Portugal, il donnait à la reine d'Etrurie, en échange de la Toscane, les provinces du Nord, sous le titre de royaume de Lusitanie; les provinces du Sud, au prince de la Paix, sous la dénomination de principauté des Algarves, et gardait le reste de ce pays pour lui, comme compensation des colonies appartenant à la France, prises par les Anglais; il reconnaissait de plus le roi d'Espagne comme empereur des Amériques, et lui *garantissait* ses possessions au midi des Pyrénées.

Pour l'exécution du traité, il fallait s'emparer du Portugal. En conséquence, le général Junot, avec vingt-huit mille hommes, traversa tout le nord de l'Espagne, marcha sur ce royaume, et le prince Murat, alors grand-duc de Berg, avec quarante mille hommes, se porta sur Madrid, sous prétexte d'entrer en Portugal par les provinces du centre.

Le prince de la Paix fut pris au piége; il sentait que Napoléon tout-puissant pouvait exiger de Charles IV le sacrifice de son favori; il craignait la vengeance de celui que personne n'avait encore offensé en vain; au moment où il s'attendait au châtiment, il reçoit une souveraineté. Dès cet instant, traître à son roi, à sa patrie, il devient le ministre de Napoléon.

Quelque temps avant la conclusion de ce traité, des troubles s'étaient élevés dans le sein même de la famille royale d'Espagne. L'insolent favori, ne mettant plus de bornes à son ambition, abusant de son ascendant sur la reine, à laquelle le roi ne pouvait rien refuser, conçut le projet de devenir le beau-frère de la reine future d'Espagne, en faisant épouser au prince des Asturies la sœur de sa femme, fille de l'infant don Louis, frère de Charles III. Le prince des Asturies refusa avec indignation une semblable proposition, et pour échapper aux violences qu'il pouvait recevoir de ses parens, par suite de l'influence du prince de la Paix, il écrivit à Napoléon pour lui demander une de ses nièces, fille de Lucien Bonaparte. La démarche fut connue du prince de la Paix et de la reine, qui la présentèrent au roi comme un acte de révolte de la part de son fils. Le prince des Asturies, ayant fait quelques représentations à son père sur la haine que l'Espagne entière portait au favori, fut arrêté et livré à un tribunal chargé d'informer sur sa conduite. Alors eut lieu le traité de Fontainebleau, et le prince de la Paix s'étant soumis à Napoléon, voulant humilier de sa clémence l'héritier du trône des Espagnes, le fit acquitter de toute accusation.

Cependant Napoléon marchait rapidement vers son but; il voyait avec joie les divisions qui agitaient la cour de Madrid, quoiqu'il ne sût pas encore précisément en quoi elles pouvaient lui devenir utiles. Les yeux constamment tournés sur la souveraineté des Algarves, le prince de la Paix lui était asservi, et lui facilitait aveuglément tous les moyens de faire pénétrer les troupes françaises en Espagne, dans les places fortes et jusques dans Madrid, où Murat, sous le manteau de l'alliance, entra à la tête d'une partie de son armée.

Déjà les troupes espagnoles avaient quitté leur pays ; un corps était entré en Espagne avec le général Junot ; un autre avait été envoyé en Dannemark, sous le marquis de la Romana ; et un troisième, commandé par le général O'Farill, occupait l'Etrurie.

Tout-à-coup l'aveugle Emmanuel Godoy pénètre les projets de celui qu'il croyait son protecteur, et il voit qu'il faut renoncer aux Algarves, et même à régner plus long-temps sur l'Espagne. Epouvanté du précipice où son impéritie a jeté son pays, son roi et lui-même, il ne voit plus qu'un moyen de salut, c'est de transporter en Amérique la cour et la famille royale, si le péril devient trop pressant. Là, il espère encore régner sous le nom de Charles IV. Malgré le secret des préparatifs, Madrid est bientôt instruit de l'éloignement de son roi. Des cris de fureur s'élèvent de toutes parts contre le prince de la Paix ; le peuple se porte en foule à Aranjuez, où se trouvait la cour, et poursuit de sa rage l'odieux favori. Obligé de se cacher, il est découvert, et il allait périr, lorsque le prince des Asturies lui sauva la vie, se vengeant ainsi d'un audacieux sujet qui l'avait cruellement outragé. Charles IV, effrayé de l'insurrection populaire, abdiqua, et le prince des Asturies fut proclamé roi d'Espagne sous le nom de Ferdinand VII, aux acclamations du peuple.

Cependant le péril était passé, et la reine, qui craignait pour les jours du prince de la Paix, que le nouveau roi avait fait jeter en prison pour donner satisfaction au peuple, pressait Charles IV de révoquer son abdication. Le faible roi protesta deux jours après avoir abdiqué, et remit entre les mains de Murat, sa protestation pour la faire valoir et la soutenir par la force. Murat n'avait aucune instruction sur un évènement aussi inattendu ; il en instruisit Napoléon qui, voyant approcher le dénoûment de ce grand drame politique, partit pour Baïonne. Tout conspirait au succès de ses projets : Charles IV lui remettait la décision de son sort ; Ferdinand VII lui demandait de le reconnaître pour roi. Appelé ainsi à juger entre le père et le fils, il ne pouvait manquer de décider selon ses seuls intérêts. Ce fut alors qu'il employa tous les ressorts de la politique la plus déliée pour engager la famille royale à venir à son tribunal de Baïonne ; ne refusant ni ne promettant rien, il insinuait seulement qu'il avait besoin de voir par lui-même, et d'entendre les deux parties plaignantes. Sa décision tenait à une entrevue, et il faisait sentir qu'il n'était pas éloigné d'entrer lui-même en Espagne pour leur éviter une partie du voyage. Le roi Charles était tout disposé à aller trouver son protecteur; mais Ferdinand craignait avec raison quelque embûche. Cependant, entouré d'une armée nombreuse dont le chef, au sein de Madrid même, paraissait ne reconnaître que l'ancien roi, ne pouvant par conséquent se passer d'une reconnaissance de Napoléon, et n'espérant plus l'obtenir s'il n'allait la demander lui-même, il céda à la nécessité, et quitta Madrid, croyant trouver à Burgos celui qui n'avait pas quitté Baïonne. Arrivé dans cette première ville, nouvelle hésitation pour aller jusqu'à Vittoria, où il était, disait-on; on arrive à Vittoria et on ne l'y trouve pas plus qu'à Burgos; l'alarme se répand, et l'on s'apprête à rétrograder, lorsque le général Savary arrive et porte les lettres les plus rassurantes de Napoléon. Il répondait seulement alors pour la première fois à la demande que lui avait fait le prince des Asturies d'une de ses nièces ; il la lui promettait et lui assurait qu'il le reconnaîtrait pour roi aussitôt qu'il serait arrivé à Baïonne. La fatalité entraînait Ferdinand ; il passe la Bidassoa, et de roi d'Espagne il ne fut plus que prisonnier d'un prince étranger qui allait usurper sa couronne.

A peine arrivé au château de Marac, près Baïonne, que Napoléon, ne déguisant plus ses projets, lui proposa le royaume d'Etrurie en échange de l'Espagne qu'il lui demandait. Ferdinand sentit alors toute l'étendue du danger où son imprudence l'avait précipité ; mais il résista courageusement à toutes les séductions, même aux menaces, et refusa tout arrangement qui le priverait de l'Espagne. Cette résistance inattendue désolait Napoléon qui, par elle, se voyait frustré de tout le fruit qu'il attendait de ses coupables intrigues. Cependant, ne voulant pas rester en chemin, il fallait cacher l'odieux d'une telle conduite sous le voile du succès. Il espéra que Charles IV serait plus flexible que son fils; il compta surtout sur l'ascendant que le prince de la Paix avait sur l'esprit de son maître. En conséquence, il fit inviter l'ancien roi à se rendre à Baïonne, et par l'autorité de Murat dans Madrid, le favori fut tiré du cachot où il attendait que sa mort vengeât la nation espagnole d'un traître et d'un perfide.

Dès ce moment Ferdinand qui, depuis son arrivée, avait été traité en roi, ne le fut plus que comme un prince rebelle à un roi allié de Napoléon, qui ne reconnut

14 *

plus d'autre souverain d'Espagne que Charles IV.

Le prince de la Paix ne trompa point les espérances de celui qui lui avait sauvé la vie en l'arrachant à la juste vengeance des Espagnols. Charles reprit la couronne des mains de son fils, qu'on obligea d'en faire la céssion, et ce faible roi la céda ensuite à Napoléon pour le château de Compiègne, qu'il reçut en échange. Le grand œuvre cependant n'était pas encore terminé; Ferdinand avait bien remis la couronne à son père, mais il conservait ses droits vis-à-vis de tout autre; il fallut donc employer de nouvelles intrigues, de nouvelles violences pour l'amener à les céder à Napoléon. Celui-ci fut jusqu'à lui dire, devant le roi et la reine : *Prince, il faut opter entre la cession ou la mort.* Les vieux souverains, sourds à la voix du sang, furent encore plus acharnés contre leur fils que Napoléon lui-même, et le malheureux Ferdinand laissa enfin échapper la cession qu'on lui arrachait.

Dès-lors il ne fut plus question du royaume d'Etrurie ; des pensions remplacèrent des couronnes, et le prince des Asturies alla au château de Valançay expier son imprudence et celle de ses conseillers. Ainsi fut consommée la ruine du père et du fils, ainsi l'infâme prince de la Paix précipita l'Espagne dans d'épouvantables malheurs. Triste exemple de la faiblesse des rois et des plus odieuses machinations du despotisme !

Cependant, depuis les évènemens d'Aranjuez, l'Espagne était en fermentation. Le départ de la famille royale l'avait encore augmentée ; la présence de l'armée française dans les provinces et la capitale, loin de la calmer, n'avait fait qu'irriter encore ce peuple orgueilleux et indocile. Implacable dans ses vengeances, il avait frémi de rage lorsqu'on lui enleva sa proie dans la personne du prince de la Paix, et l'agitation était telle qu'une étincelle allait déterminer l'explosion.

Excepté les infans don Antonio et don Francisco, tous les princes de la famille royale étaient à Baïonne; le bruit se répandit dans Madrid qu'ils allaient aussi quitter l'Espagne, et le 2 mai fut fixé pour leur départ. Dès le matin de ce jour, le peuple s'attroupe auprès du palais des princes, et exprime hautement son mécontentement. Un aide-de-camp de Murat paraît; on croit qu'il vient prendre les infans, et il est insulté. Il appelle des troupes pour se faire respecter; elles sont repoussées. L'insurrection devient générale, la mitraille balaye les rues, et tout Madrid devient un champ de bataille. Le combat cesse, on désarme le peuple, on parvient à l'appaiser, mais sa vengeance n'est qu'ajournée. Cent quatre habitans périrent dans le combat, cinquante-quatre furent blessés, et trente-cinq, pris les armes à la main, furent fusillés au Prado. C'est ainsi qu'à Madrid s'alluma le terrible incendie qui, pendant six ans, a ravagé toute la péninsule.

—Au siége de Gênes, le capitaine Chodron avait été fait prisonnier avec plusieurs de ses camarades. Le colonel Nadasti demande au capitaine Chodron, le chemin le plus court pour regagner le pont de Conégliano; celui-ci, par une ruse que sa présence d'esprit lui suggère, lui indique un chemin au travers d'un jardin, le colonel s'y jette; quatre cent cinquante hommes l'y suivent. A peine y sont-ils entrés, poursuivis par le colonel Cassagne, que le capitaine Maugenon, le lieutenant Henrion, le sous-lieutenant Gauthero, et Boulogne, chasseur, qu'ils s'emparent de la porte, et crient : *Bas les armes!* Le capitaine Chodron changeant de rôle, s'écrie aussi : *Messieurs, c'est vous qui êtes mes prisonniers.* Cernés dans un cul de sac sans issue, il fallut obéir. Le capitaine Chodron avait été déshabillé par les Autrichiens. Au moment où ils se virent prisonniers à leur tour, les officiers de Nadasti, qui ne s'étaient pas opposés à la manière dont il avait été traité, vinrent leur offrir leurs montres pour qu'il les fît respecter. *Gardez vos bijoux*, leur répond ce capitaine; *je n'en ai pas besoin pour faire ce que vous n'avez pas su faire pour moi.* Un de ces officiers lui répliqua : *C'est que nous avions perdu la tête. — La tête!*

reprit le capitaine : *On n'est pas fait pour être officier quand on peut la perdre autrement que par un boulet de canon.* Ainsi, la présence d'esprit d'un seul homme fit tourner cette entreprise à la gloire des armées françaises.

— Napoleon résida pendant quelques jours dans le château de Postdam. Sa garde occupait tous les postes ; le service s'y faisait avec le même ordre qu'à Paris. On y trouva l'épée du grand Frédéric, le baudrier de général qu'il portait pendant la guerre de sept ans, et le cordon de l'aigle noir. Ces trophées furent déposés solennellement à Paris dans l'hôtel des Invalides. Ils en ont été retirés en 1814 lors de l'entrée des alliés à Paris.

— A la bataille d'Austerlitz, les Russes comptaient sur la victoire. Afin de les mieux tromper, Napoléon, pour la première fois, parut se défier de sa fortune. Trois cents bouches à feu vomissent la mort; deux cent mille hommes s'attaquent avec fureur; et peu d'heures après le commencement du combat, les empereurs d'Autriche et de Russie voient, des hauteurs d'Austerlitz, leur droite coupée, leur gauche séparée de son centre, et leur armée livrée à des mouvemens irréguliers, se replier en désordre sur son quartier-général. Le carnage est affreux. Bientôt la déroute est complète; colonnes entières, artillerie, étendards, tout est enlevé. On ne disputait plus la victoire, et cependant on se battait encore. Une colonne russe s'obstine à se défendre avec une opiniâtreté de courage digne d'un meilleur sort : chassée de position en position, elle se voit acculée à à un lac glacé. Napoléon arrive sur le lieu avec ving-cinq pièces de canon : la colonne ne peut éviter de mettre bas les armes qu'en se frayant un passage sur le lac ; elle le tente : au même instant nos bouches à feu rompent la glace. Il ne s'agit plus de poursuivre, on voudrait pouvoir sauver de si braves ennemis ; mais leur nombre, mais la précipitation de leur retraite ne fait que rendre leur perte plus certaine, et ils périssent presque tous dans les eaux, nobles victimes de leur obéissance à leur prince, et de leur dévoûment à la patrie.

—Au camp de Fontarabie, pendant une canonnade très-vive, un obus espagnol tombe entre un de nos caissons et une pièce de huit. Deux canonniers du premier régiment d'artillerie se précipitent sur l'obus, dont la fusée brûle encore : l'un coupe le feu avec son sabre ; l'autre couvre de terre la mèche et l'obus au moment d'éclater. Ce trait hardi sauva les machines, les chevaux et tout le régiment.

— Au combat de la prise d'Aoste, le 12 juin 1794, l'adjudant-général Almeyras mit en fuite, avec deux cents hommes qu'il commandait, quinze cents Piémontais.

— Au siége de Spire, M. de Luteau, aide-de-camp du général Custine, après avoir donné le premier coup de hache dans la porte, entre dans la ville pour reconnaître les dispositions de l'ennemi; les Autrichiens l'entourent, et lui crient: « Prisonnier! prisonnier! — Un aide-» de camp français ne se rend pas, re-» prend Luteau. » Il pique des deux; et, levant son sabre, fend le crâne à un officier mayençais qui lui avait porté un coup d'épée dans les flancs; il se jette ensuite sur les ennemis, en renverse plusieurs, et revient vers les siens à travers une grêle de balles.

— A Laval, près Lens, les femmes imprégnaient des torches de paille, de graisse et de goudron. Le magistrat leur demande à quel usage elles les destinent: « Pour brûler nos maisons avant que » les Autrichiens s'en emparent. »

— Chéret, canonnier, a la mâchoire emportée tandis qu'il pointe un canon à l'attaque de l'île du fort Vauban. Avant d'être guéri de sa blessure, il sollicite une permission de retourner au combat. « Ai-je donc besoin, s'écrie-t-il, de mâ- » choire pour me battre? J'ai deux bras, » et la vue bonne, c'est assez pour pointer un canon, et abattre plus d'une mâchoire ennemie. »

— Au siége de Nicopolis, en Épire, un enfant de douze ans, tambour des grenadiers de la sixième demi-brigade, surpris par un groupe d'ennemis, tombe vivant entre les mains des Mamelucks; ils se disposent à lui trancher la tête; le fatal yatagan brille déjà sur lui. A cette vue, l'enfant s'écrie d'une voix forte: *Vivent les Français!* et sa tête roule sur la poussière.

(Bataille d'Esling.) — Après les batailles d'Ekmühl et de Rastisbonne, l'armée autrichienne s'était repliée sur Vienne, par les deux rives du Danube. L'armée française, comme on le sait, la poursuivit par la rive droite, entra le 21 mai dans la capitale de l'Autriche, et essaya aussitôt de passer le fleuve pour marcher à l'ennemi, retiré en entier sur la rive gauche.

A deux lieues au-dessous de Vienne, vis-à-vis Ebersdorff, sur la rive droite, deux îles séparent en trois branches les eaux du Danube. Ce point fut choisi pour établir un pont. Dès le 18 mai, les matériaux nécessaires ayant été réunis, la division du général Molitor passa dans l'île de Lobau, séparée de la rive gauche par le dernier bras, dans des bateaux à rames; et, le 19, les ponts sur le premier et sur le second bras furent achevés. Le 20, par un troisième pont, on aborda la rive gauche, et les généraux Molitor, Lasalle et Boudet passèrent pendant la nuit le dernier bras avec leurs divisions.

Le 21, l'armée continua à filer sur la

rive gauche, mais lentement ; la fragilité des ponts ne permettant pas plus de célérité dans sa marche.

L'ennemi, jusques là, n'avait inquiété ni nos travaux, ni le passage du dernier bras : placé à une lieue au-dessus de nos ponts, il ne s'était pas encore montré ; et, sans obst.. les, il nous avait laissé aborder son terrain. Cette inactivité apparente, dans un moment aussi important, indiquait assez quelque embûche de sa part. Soit qu'aveuglé, Napoléon ne s'en aperçût pas, soit que, plutôt, il comptât sur le courage de son armée pour vaincre tous les obstacles, nulles précautions ne furent prises pour assurer nos communications avec la droite.

Vers les quatre heures du soir, l'ennemi parut enfin ; et notre avant-garde, la droite placée au village d'Esling, et la gauche à celui de Gross-Aspern, fut aussitôt attaquée : quatre-vingt-dix mille Autrichiens et deux cents pièces de canon heurtèrent en même temps toute notre ligne, forte seulement de trente-cinq mille hommes. On combattit vivement, de part et d'autre, jusqu'à la nuit ; notre cavalerie fit plusieurs belles charges, et prit quatorze pièces de canon. Ce fut dans l'une d'elles que fut tué le général d'Espagne, commandant une division de cuirassiers. Malgré leur immense supériorité, les Autrichiens ne purent gagner de terrain ; le maréchal Masséna, défendant le village d'Aspern, le maréchal Lannes, celui d'Esling, se maintinrent dans leurs positions, et nous conservâmes intact notre champ de bataille.

Dans la nuit du 21 au 22, de nouvelles troupes passèrent sur la rive gauche, et le 22, nous avions de quarante-cinq à cinquante mille hommes sur cette rive.

A quatre heures du matin, l'armée autrichienne s'ébranla, nous attaqua sur toute la ligne, et profitant de sa supériorité numérique, étendit ses ailes afin de nous déborder. Napoléon profite alors habilement de ce mouvement de l'ennemi qui, en affaiblissant son centre, donne la possibilité de le percer. Le duc de Montebello, à la tête du corps des grenadiers réunis que commandait le général Oudinot, des divisions Saint-Hilaire et Boudet, quitte la défensive et tombe sur les Autrichiens. Dans ce moment, le duc d'Istrie faisait charger la cavalerie, et le maréchal Masséna attaquait sur notre gauche; ce terrible choc arrête l'ennemi sur ses ailes, et le fait plier sur son centre : il perd du terrain, et bientôt son mouvement rétrograde prend l'aspect d'une retraite ; un effort de plus, et cette retraite va se changer en une déroute complète. Il est neuf heures ; de tous côtés nos soldats demandent des cartouches, et notre artillerie des boulets, pour achever la victoire ; il n'y a plus ni boulets, ni cartouches ; c'est en vain qu'on en cherche de tous côtés ; les ponts sur le Danube sont rompus, et nous n'avons plus de communication avec la rive droite, où sont restés nos parcs de réserve et une partie de l'armée.

Les stratagêmes et les ruses de guerre sont les armes du faible ; le prince Charles y avait eu recours, ne pouvant nous vaincre à force ouverte. Pendant que sur la rive droite nous faisions nos préparatifs de passage, lui, sur la rive gauche, avait fait préparer de gros bateaux chargés de pierres, de pesans radeaux, de nombreux brûlots, et jusqu'à des moulins placés sur le fleuve, qu'il fit détacher prêts à être lancés. Malgré le rapprochement des lieux, ces préparatifs de l'ennemi nous restèrent inconnus, et aucune estacade ne fut placée pour couvrir les approches de nos ponts. Lorsque l'archiduc s'aperçut que la moitié de l'armée française était sur la rive gauche, il laissa aller au gré du courant toutes ces machines préparées qui, venant heurter les deux ponts qui joignaient l'île Lobau à la rive droite, les rompirent et les détruisirent de manière à rendre impossible toute communication d'une rive à l'autre. Faisant alors un grand effort de toute son armée, le général ennemi crut avoir bon marché de nos troupes restées sur la rive gauche sans munitions, et il comptait déjà les noyer dans le Danube, ou les forcer à capituler; mais il ne sut pas achever de vaincre, et la valeur française lui arracha le plus glorieux succès qui puisse illustrer un grand capitaine.

Dès que Napoléon eut appris la rupture des ponts, il arrêta l'offensive, et borna tous ses efforts à se maintenir dans ses positions. Ce fut en vain que les Autrichiens, instruits de l'évènement et ralliés, nous attaquèrent incessamment depuis neuf heures du matin jusqu'à neuf du soir; trois fois attaqués, les villages d'Esling et de Gross-Aspern restèrent toujours en notre pouvoir, encombrés de cadavres autrichiens. Enfin, vers neuf heures du soir, le feu de l'ennemi cessa; le nôtre était déjà éteint, et nous ne combattions presque plus qu'à l'arme blanche.

L'armée resta dans sa position pendant la nuit, et le 23 au matin Napoléon, ayant reconnu l'impossibilité de rétablir promptement les ponts, la fit passer de la rive gauche dans l'île de Lobau, où aussitôt on travailla à des retranchemens pour se garantir des tentatives de l'ennemi, qui ne s'était que faiblement opposé au passage dans l'île.

On peut se demander, maintenant, comment il se fit qu'un général exercé, habile même, qui avait si heureusement employé un adroit stratagême pour placer son ennemi entre une armée deux fois plus nombreuse, et un fleuve de quatre cents toises de large, ne profite pas de ce premier succès pour l'écraser; chose d'autant plus facile que cet ennemi ne pouvait être secouru, et manquait de munitions pour se défendre. Si à Esling le prince Charles n'eût point commis une faute aussi capitale, l'empire d'Autriche était sauvé, et l'empire français pouvait finir là; car telle était son instabilité qu'à chaque nouvelle bataille son existence était remise en question. La faute fut commise, et l'Autriche s'humilia de nouveau; exemple attristant de l'influence que peuvent avoir, sur la destinée des peuples, les fautes d'un seul homme.

La perte des Autrichiens fut considérable; ils eurent de huit à neuf mille hommes tués ou blessés. Nous leur prîmes quelques pièces de canon, quatre drapeaux, un officier-général, et mille à onze cents prisonniers. Notre perte ne fut pas moindre en tués et blessés. Le général de division comte de Saint-Hilaire eut la jambe cassée, et mourut peu de temps après des suites de sa blessure. Mais la perte la plus considérable, la plus douloureuse pour l'armée française, fut celle du maréchal Lannes, duc de Montebello qui, le 22 au soir, vers les six heures, eut une cuisse emportée par un boulet. Napoléon, apprenant cette nouvelle, s'écria : « Il fallait que, dans cette journée, » mon cœur fût frappé par un coup » aussi sensible pour que je pusse m'a» bandonner à d'autres soins qu'à ceux » de mon armée. » Le duc de Montebello, revenant de son évanouissement, lui dit : « Dans une heure vous aurez per» du celui qui meurt avec la gloire et la » conviction d'avoir été et d'être votre » meilleur ami. » On lui fit l'amputation, et, transporté à Vienne, il y mourut le 31 mai suivant.

La ville de Lectoure, dans le département du Gers, se glorifie d'avoir vu naître le maréchal Lannes; il partit comme volontaire dans le département du Gers, lorsque les insolentes proclamations du duc de Brunswick appelèrent aux armes la jeunesse française. Nommé sergent-major, il devint bientôt officier, et s'étant souvent distingué à l'armée des Pyrénées orientales, il parvint rapidement au grade de chef de brigade. Réformé par un gouvernement qui punissait ses meilleurs défenseurs, il resta quelque temps sans emploi. Lorsque Bonaparte prit le commandement de l'armée d'Italie, Lannes fut se présenter à cette armée comme simple volontaire. Son mérite ne pouvait être méconnu : le nouveau général en chef l'employa comme adjudant-général. Nous l'avons vu aux batailles de Montenotte, de Millesimo, au combat de Dégo, justifier par sa bravoure le choix de Bonaparte, dont il devait devenir un des plus habiles lieutenans. Il passa le Pô le premier de l'armée, se distingua au combat de Fombio, et à

Lodi il fut du nombre des intrépides généraux qui s'élancèrent sur le pont à la tête des troupes. Nommé général de brigade après la prise de Pavie, qui s'était révoltée et qu'il soumit le premier, il suivit l'armée au siége de Mantoue; là, avec six cents grenadiers, il enlève à la baïonnette le faubourg Saint-Georges, défendu par de nombreux ennemis. Quoique blessé au combat de Governo, il ne quitta point l'armée; blessé de nouveau, mais plus sérieusement devant Arcole, il était souffrant, étendu sur un lit, lorsqu'il apprend que le combat est terrible, et qu'on ne peut forcer le passage du pont; il sort de son lit malgré ses douloureuses blessures, il se précipite au milieu de la mitraille. Atteint d'une nouvelle blessure à la tête, il tombe sans connaissance. Rétabli, il marche avec le général Victor contre les troupes que la cour de Rome a levées contre nous ; à la tête de sa brigade, il enlève les retranchemens ennemis près d'Imola, et s'empare de la ville.

Il accompagna Bonaparte en Egypte ; y fut nommé général de division ; fit partie de l'expédition de Syrie ; se distingua dans plusieurs combats ; contribua principalement au succès de la bataille d'Aboukir. Blessé à la jambe à l'attaque du fort de ce nom, il revint en France ; et lorsqu'au 18 brumaire le gouvernement changea, Lannes se montra un des plus zélés amis de Bonaparte. Dans la mémorable campagne de Marengo, le général Lannes commandait l'avant-garde : il franchit le premier de l'armée le Saint-Bernard, devenu à jamais célèbre par ce passage. Le premier il attaqua les Autrichiens. Aoste, Châtillon tombent devant lui. Il escalade la citadelle d'Ivrée. Arrivé sur les bords de la Chiusella, le corps qu'il commande emporte le passage de vive force, traversant la rivière sur le pont et à la nage. Il pénètre dans Pavie, en chasse les Autrichiens, et s'empare de leur artillerie. La bataille de Casteggio et de Montebello ajoutèrent à la réputation de bravoure du général Lannes celle de général habile. C'est en mémoire de cette journée glorieuse que le nom de Montebello devint inséparable de celui de Lannes. Sa conduite, à la bataille de Marengo, lui valut des éloges publics de la part du général en chef. Ce fut à cette occasion qu'il eut un *sabre d'honneur*. Cette récompense qui enfantait de si brillans exploits parmi nos guerriers, allait bientôt être remplacée par une décoration nouvelle qui devait donner des charmes à la mort même. Au retour de cette campagne, le général Lannes fut nommé à l'ambassade de Portugal. Créé maréchal d'empire, il commanda dans les campagnes d'Austerlitz, de Jéna et de Friedland, et soutint dignement sa grande réputation. Ce fut pendant la pénible campagne de 1807, qu'avec une franchise dont il ne se départit jamais devant celui qui la souffrait impatiemment, il répondit à Napoléon, qui le questionnait sur la Pologne : *Je pense que ce pays ne vaut pas le sang du dernier caporal de l'armée.*

Il commanda aussi en Espagne. Saragosse en ruines fut témoin de sa bouillante audace.

La guerre d'Autriche, en 1809, fut sa dernière campagne. Il mourut comme il avait vécu, environné de gloire.

Combat de Reichenbach. — Battus le

21 à Wurtchen, les alliés se retiraient sur Gorlitz, défendant opiniâtrement le terrain toutes les fois qu'ils en trouvaient la possibilité. Napoléon les suivait à l'avant-garde, et les attaquait vivement, dirigeant lui même les moindres mouvemens des troupes. Arrivé sur les hauteurs de Reichenbach, l'ennemi déploya de nombreux bataillons, et garnit son front d'une artillerie formidable. Notre avant-garde l'attaqua d'abord, mais ne put l'entamer avant l'arrivée de nouvelles troupes. Les généraux Lefebvre-Desnouettes et Colbert, commandant les lanciers polonais et les lanciers rouges de la garde, exécutèrent d'heureuses et de brillantes charges sur la cavalerie de l'ennemi. Le général Latour-Maubourg, avec la cavalerie de l'armée, décida la retraite des alliés qui, après avoir encore résisté en arrière de Reichenbach sur les hauteurs

de Markersdorf, se replièrent sur Gorlitz, et la nuit mit fin, de part et d'autre, à un combat meurtrier.

Dans une charge de cavalerie, le général de division Bruguière, officier de mérite, eut la jambe emportée, et mourut peu de temps après.

Le 22 mai qui avait vu périr le maréchal Lannes, enleva à Napoléon un ami plus cher encore que ne lui avait été le duc de Montebello. Vers les sept heures du soir, un des derniers boulets tirés par l'ennemi rasa de près le duc de Trévise, ouvrit le bas-ventre au général Duroc, et jeta roide mort le général du génie Kirgener. Le général Duroc ne survécut que douze heures à sa blessure. Napoléon fut le voir dans la maison où on l'avait porté, et lui fit ses derniers adieux.

Voici la conversation entre Napoléon

et le général Duroc, que rapporta le Bulletin sur le combat de Reichenbach.

Le duc serra la main de l'empereur qu'il porta sur ses lèvres. « Toute ma »vie, lui dit-il, a été consacrée à votre »service, et je ne la regrette que par »l'utilité dont elle pouvait vous être en»core. — Duroc, il est une autre vie »C'est là que vous irez m'attendre, et »que nous nous retrouverons un jour !— »Oui, sire, mais ce sera dans trente ans »quand vous aurez triomphé de tous vos »ennemis et réalisé toutes les espérances »de notre patrie..... J'ai vécu en honnête »homme; je ne me reproche rien. Je »laisse une fille. Votre Majesté lui servira »de père. » L'empereur serrant la main du grand-maréchal, resta un quart-d'heure dans le plus profond silence; le grand-maréchal le rompit : Ah ! sire, allez-vous»en; cet aspect vous peine ! » L'empereur quitta le duc de Frioul sans pouvoir lui dire autre chose que ces mots : « Adieu » donc, mon ami. »

Le général Duroc, duc de Frioul, grand-maréchal du palais de Napoléon, naquit à Pont-à-Mousson, département de la Meurthe, en 1772. Elève sous-lieutenant d'artillerie en 1792 et capitaine en 1795, il était aide-de-camp du général d'artillerie Lespinasse, en 1796, à l'armée d'Italie, lorsque Bonaparte, ayant reconnu en lui d'heureuses qualités, se l'attacha en qualité d'aide-de camp. Duroc fut cité aux gorges de la Brenta, au passage de l'Isonzo et à la prise de Gradisca. Il suivit Bonaparte en Egypte, fut blessé au siége de Saint-Jean-d'Acre, et revint en France avant le 18 brumaire. Ce fut à la suite de cette journée qu'il commença sa carrière diplomatique, dans laquelle il se distingua par une prudence et une sagacité qui, chez lui, devançaient l'âge. Le premier consul venait de renverser la république, il avait besoin de la paix pour consolider sa puissance nouvelle. Duroc fut envoyé à Berlin pour entretenir la cour de Prusse dans des sentimens d'amitié envers la France. Il était à Marengo, et peu de temps après il partit pour Vienne chargé de négociations; elles ne réussirent qu'après la bataille de Hohenlinden, qui amena la paix de Lunéville. A la même époque, il fut envoyé à Pétersbourg, pour renouer avec l'empereur Alexandre les liens d'amitié qui avaient uni son père, Paul Ier., au premier consul, et depuis il se montra négociateur habile dans plus d'une circonstance importante.

Aux qualités qui distinguent l'homme public, le général Duroc joignait toutes celles qui font aimer l'homme privé. Officier instruit, bon ami, d'un caractère modeste, doux et affable, il emporta les regrets de tous ses anciens compagnons d'armes, que l'élévation de sa fortune ne lui firent jamais ni méconnaître, ni oublier.

— Le général LAHARPE naquit à Roll en Suisse en 1754. Commandant une compagnie des troupes de Berne, il entra d'abord au service de Hollande, et fit la campagne de Bohême, en 1778, en qualité d'aide-de-camp du prince royal de Prusse. En 1791, revenu dans sa patrie, il fut proscrit par ses concitoyens pour avoir soutenu avec trop d'énergie les principes de la liberté contre ceux de l'aristocratie. Il vint alors en France, et prit du service comme lieutenant-colonel dans le quatrième bataillon de Seine-et-Oise. En 1792, il faisait partie de l'armée du Nord, et commandait le château de Rodemach avec une faible garnison. Assiégé par de nombreux ennemis, et prévoyant que s'il n'est pas secouru il faudra s'ensevelir sous des ruines, il assemble les officiers, leur peint la situation critique où ils se trouvent, et leur dit : « Les défenseurs de la patrie ne doivent »point porter de chaînes! La liberté ou »la mort!.... Si nous ne sommes pas se»courus, il nous reste deux partis : le »premier, c'est de nous ouvrir un pas»sage à travers l'ennemi la baïonnette en »avant; probablement nous serons tous »tués, mais du moins nous mourrons li»bres! Le second, et il est préférable par»ce qu'il causera plus de mal à l'ennemi, »c'est de le laisser entrer dans le fort et »de faire sauter eux et nous tous ensem»ble. » Tous les officiers accueillirent avec enthousiasme les propositions de leur chef; mais, heureusement pour la patrie, ils n'en furent pas réduits à cette extrémité, et furent délivrés. Laharpe eut depuis d'autres commandemens, et en l'an 2, nommé général de brigade, il fit partie de l'armée d'Italie dans les Alpes; se distingua souvent dans diverses attaques, et avait été nommé général de division, lorsqu'en 1796 Bonaparte vint prendre le commandement de cette armée. Nous l'avons vu seconder vaillamment le général en chef à Montenotte et à Dégo; et bientôt il devait payer de sa vie son imprudente confiance, à laquelle une grande bravoure eût pu servir d'excuse, s'il n'eût pas été dans un rang si élevé. Il fut tué au combat de Codagno, en chargeant la nuit sur les avant-postes ennemis.

— Le général Augereau, à la bataille

d'Arcole, donna des preuves d'une valeur étonnante. L'avant-garde combattit tout un jour sans pouvoir forcer le passage d'un pont élevé sur les canaux qui coupent la plaine, et défendu par une artillerie formidable. Les généraux se précipitent à la tête de leurs colonnes : le feu de la mousqueterie et du canon fait reculer nos soldats. Augereau saisit un drapeau, s'élance sur le pont, et appelle nos guerriers du geste et de la voix : son exemple héroïque ne peut électriser les cœurs, il était presque impossible de franchir le terrible passage.

Le général en chef, Bonaparte (1),

(1) Les premières campagnes du général en chef Bonaparte, en Italie, sont de l'an 4 et 5 (1795 et 1796); il n'était alors âgé que de vingt-six ans; et les secondes, tout aussi bril-

afin d'encourager les colonnes qui paraissaient hésiter, descendit de cheval, prit aussi un drapeau, en s'écriant : *Suivez votre général !* Bonaparte fut renversé dans un marais, sous le feu de l'ennemi, d'où l'on eut bien de la peine à le retirer. Dans cet instant terrible, l'un de ses aides-de-camp, Muiron, perdit la vie. Le lendemain se donna la fameuse bataille d'Arcole, où un autre aide-de camp du général, nommé Elliot, trouva pareillement une mort glorieuse. Le pont fut tourné, et la bataille gagnée. Bonaparte écrivit cette lettre philosophique au général Clarke (1) :

---

lantes, sont de l'an 8 (1800): une seule bataille, celle de Marengo, força alors l'empereur à faire la paix.

(1) Depuis ministre de la guerre.

« Votre neveu Elliot a été tué sur le »champ de bataille d'Arcole. Ce jeune »homme s'était familiarisé avec les ar- »mes : il a plusieurs fois marché à la tête »des colonnes ; il aurait été un jour un »officier estimable. Il est mort avec gloire »et en face de l'ennemi ; il n'a pas souf- »fert un instant. Quel est l'homme rai- »sonnable qui n'envierait pas une telle »mort ? Quel est celui qui, dans les vi- »cissitudes de la vie, ne s'abonnerait pas »pour sortir de cette manière d'un monde »si souvent méprisable ? Quel est celui »d'entre nous qui n'a pas regretté cent »fois de ne pas être ainsi soustrait aux »effets puissans de la calomnie, de l'en- »vie et de toutes les passions haineuses »qui semblent presque exclusivement di- »riger la conduite des hommes (1) ? »

(1) Le général Bonaparte, en informant le

Le corps législatif crut devoir honorer d'une manière éclatante les vainqueurs d'Arcole ; il décréta que les drapeaux portés à la bataille d'Arcole contre les bataillons ennemis, par les généraux Bonaparte et Augereau, leur sont donnés à titre de récompense par la nation.

— BONAPARTE força la ville de Mantoue à capituler, quoique défendue par une armée entière. Cette ville est la plus proche de l'ancien lieu nommé Andes, où naquit Virgile. Andes, situé dans le Seraglio, est un village qui porte à pré-

---

Directoire du succès de la bataille de Lodi, s'exprime en ces termes au sujet du général Berthier : « Je ne dois pas oublier l'intrépide » Berthier, qui fut, dans cette journée, ca- » nonnier, cavalier et cuirassier. »

sent le nom de Pietole. Les champs qui l'environnent, et dont l'auteur immortel de l'*Enéïde* donne la description dans ses Eglogues, sont ceux que Virgile reçut de la libéralité d'Auguste. Ils portent encore le nom de *Champs Virgiliens*. Il paraît que ces champs n'avaient pas moins souffert pendant le blocus et le siége de Mantoue, que pendant les guerres de l'ancienne Rome. Mais Bonaparte fit observer la plus grande discipline, et protégea la patrie de Virgile. La mémoire de ce grand poëte, après plus de dix-huit siècles, fut encore utile à son pays : Bonaparte voulut que l'ancien patrimoine du prince des poëtes latins fût distingué avec honneur, et que les colons fussent indemnisés de toutes les pertes que la guerre avait pu leur occasionner.

Un obélisque fut érigé par son ordre

dans le village de Piétole, patrie de Virgile, au milieu d'un bois de chênes, de myrtes et de lauriers, qui lui est consacré. On grava sur la première face du piédestal :

Primus ego in patriam, modò vita supersit.
Aonio rediens deducam vertice Musas :
Primus Idumæas referam tibi, Mantua, palmas.

Sur la seconde :

Nec spes libertatis erat.

Sur la troisième :

O Melibœe, Deus nobis hæc otia fecit !

Sur la quatrième :

Natal, Pub. Virgilii Maronis sacrum.

— Dans la dernière guerre de la Vendée, en 1815, le colonel commandant la cavalerie vendéenne, fut envoyé dans une paroisse d'un des départemens insurgés, pour y demander un renfort d'hommes. Selon l'usage du pays, il s'adressa au curé qui, après l'office divin, tint à ses paroissiens ce discours aussi concis qu'énergique : *Mes amis, nous n'avons qu'un Dieu et qu'un Roi; il faut prier l'un et se faire tuer pour l'autre.* Cette courte exhortation suffit pour faire prendre les armes à tout le village.

— BONAPARTE livra et gagna la fameuse bataille d'Aboukir, le 7 thermidor (26 juillet), dans ce même lieu près duquel la flotte de l'amiral Brueys avait été défaite. A l'attaque du retranchement par la dix-huitième demi-brigade, les Turcs cherchent à arracher les baïonnettes qui leur donnent la mort; ils mettent le fusil en bandoulière, se battent au pistolet et au sabre. Une vingtaine de braves de la dix-huitième demi-brigade restent sur le terrain. Les Turcs, malgré le feu meurtrier de nos batteries, s'élancent du retranchement pour couper la tête des morts et des blessés, et obtenir l'aigrette d'argent que leur gouvernement donne à tout militaire qui apporte la tête d'un ennemi.

Un mouvement que le général Murat fit faire à la cavalerie, ayant coupé toute retraite à l'ennemi, la déroute est complète. Frappés de terreur, ils trouvent partout les baïonnettes, le sabre de la cavalerie et la mort. Ils ne croient avoir de ressources que dans les eaux de la mer, se flattant de pouvoir gagner à la nage les bâtimens turcs mouillés à deux lieues dans la rade d'Aboukir. Dix mille soldats ou janissaires se précipitent dans la mer;

ils y sont fusillés et mitraillés. Jamais spectacle aussi épouvantable ne se présenta aux regards des hommes. Aucun des fugitifs ne parvint à se sauver. Le pacha, commandant en chef de l'armée, est fait prisonnier avec deux cents Turcs. Deux mille Musulmans restent sur le champ de bataille; toutes les tentes, tous les bagages, vingt pièces de canon, dont deux anglaises qui avaient été données par la cour de Londres au Grand-Seigneur, tombèrent au pouvoir du vainqueur.

—Nos troupes n'étaient pas aussi victorieuses en Italie, mais n'en combattaient pas moins avec leur valeur ordinaire. A la bataille de Novi, l'une des plus sanglantes qui aient été livrées, et qui coûta la vie au général Joubert, le général Grouchy commandait une des quatre divisions de l'armée. Attaquée la première à trois heures du matin, cette division combattait encore à sept heures du soir. Tour à tour assaillante ou assaillie, onze fois avant le jour elle fut engagée sur tout son front. Le général Grouchy dirigeait les charges un drapeau à la main : un boulet emporte ce drapeau ; ce général élève son chapeau au bout de son sabre, et ramène ses soldats au combat.

— PENDANT que les Français faisaient le siége de Valenciennes que les Autrichiens occupaient le 27 août 1794, DUQUESNE, chasseur dans le cinquième bataillon d'infanterie légère, eut la cuisse fracassée par un boulet lancé de Valenciennes. Ses camarades s'empressèrent de le secourir ; il les éloigna en les engageant de retourner à leur poste ; on le vit tenir lui-même les bandages et aider le chirurgien à panser ses blessures. Quand l'opération fut achevée, Duquesne dit : « *Ce n'est pas ma jambe que je regrette, » mais c'est de me trouver dans l'im- » puissance d'aller avec mes camarades » délivrer Valenciennes.* »

— BONAPARTE, au commencement de 1798, vint former le siége de la ville de Saint-Jean-d'Acre, dans la Syrie, où régnait tyranniquement le pacha AMETH DJEZZAR, surnom qui signifie le BOUCHER, et qu'on avait donné à ce gouverneur à cause de sa cruauté. Ce siége très-meurtrier durait depuis quelques mois, la ville ayant été secourue par les Anglais et par le commodore Sidney-Smith en personne. Lorsqu'on demanda à des déserteurs Grecs et Turcs, échappés de la place, ce que sont devenus les soldats français qui ont été blessés et faits prisonniers dans diverses attaques, ils répondent qu'après les avoir fait mutiler, Djezzar a ordonné de promener par la ville leurs têtes sanglantes et leurs membres palpitans.

Quelques jours après un terrible assaut, nos soldats remarquèrent sur le rivage une grande quantité de sacs ; ils les ouvrent, ils voient des cadavres attachés deux à deux. On questionne ces déserteurs, et l'on apprend que plus tard quatre cents chrétiens qui étaient dans la prison de Djezzar, en ont été tirés par les ordres de ce monstre en présence des Anglais, pour être liés deux à deux, cousus dans des sacs et jetés dans la mer. « O »vous ! s'écria le général de division Ber»thier, chef de l'état-major général de »l'armée d'Orient, nations qui savez al-

»lier avec les droits de la guerre ceux de »l'honneur et de l'humanité, si les évè- »nemens vous eussent forcées d'unir votre »pavillon et vos drapeaux à ceux d'un »Djezzar, j'en appelle à votre magnani- »mité, vous n'eussiez pas souffert qu'un »barbare les souillât par de pareilles atro- »cités; vous l'eussiez contraint de se sou- »mettre aux principes d'honneur et d'hu- »manité que professent tous les peuples »civilisés. »

— Le découragement était tel parmi les Allemands en Italie, que, dès qu'ils apercevaient des soldats français, ils jetaient leurs armes et se rendaient en demandant quartier : les officiers et les soldats disaient hautement qu'ils ne voulaient plus se battre. Un capitaine, dans la dix-huitième demi-brigade, nommé

Réné (1), ayant été laissé au village de Garda avec cinquante hommes pour surveiller le lac et favoriser un débarquement, et ayant fait sept Autrichiens prisonniers dans la visite d'un petit poste qu'il avait placé en avant, rencontra, à cinquante pas, une colonne autrichienne qu'il n'aperçut que lorsqu'il en fut fort près, à cause d'un tournant.

Le commandant de la colonne lui ordonna de mettre bas les armes, attendu qu'il était prisonnier. « Non, monsieur, » répondit le capitaine français, c'est vous-» même. J'ai déjà désarmé votre avant-» garde : vous en voyez une partie : bas

(1) Réné était fils d'un médecin de Montpellier ; il a fourni une carrière militaire des plus glorieuses : il est mort en Espagne avec le grade de général de brigade.

»les armes! ou point de quartier. » Les soldats français, excités par cet exemple, répétèrent le même cri. Les sept prisonniers voyant qu'au premier feu ils seraient tués, crièrent de toutes leurs forces à leurs camarades de se rendre, ce qui étonna l'officier ennemi. Il voulut parler; on ne lui répondit qu'en répétant : *Bas les armes!* Il proposa de capituler; il eut pour toute réponse : *Bas les armes! et prisonnier.* « Mais, monsieur, reprit »le commandant autrichien, si je me »rends, n'aurai-je pas de mauvais traite- »mens à éprouver? » Ayant reçu la parole d'honneur qu'il n'avait rien à craindre, il ôta son chapeau, présenta son épée à l'officier, et toute la troupe mit bas les armes.

Le capitaine Réné, craignant que l'ennemi ne s'aperçût du peu de monde qu'il avait, le fit rétrograder. Il y avait deux barques sur le bord du lac; une certaine quantité d'Impériaux s'y jetèrent pour gagner l'autre rive, et l'on ne put les en empêcher; mais les barques tröp chargées, coulèrent bas à environ soixante toises, et la plus grande partie des fugitifs se noya. Un instant après, comme beaucoup d'officiers et de soldats refusaient de marcher, en disant: « Attendons en»core. » Le capitaine français répondit d'un ton ferme: « Qu'est-ce que cela si»gnifie, monsieur le commandant? Où »est donc l'honneur? n'êtes-vous pas pri»sonnier? ne m'avez-vous pas rendu vos »armes, et donné votre parole? Vous »êtes officier, je compte sur votre loyau»té: pour preuve, je vous rends votre »épée, afin que vous fassiez marcher »votre troupe; sans quoi je me vois forcé »de faire agir contre vous la colonne de

»six mille hommes. » Le mot d'honneur et la colonne imaginaire achevèrent de décider l'officier autrichien. « Je vais vous »prouver, dit-il, que je connais l'hon»neur. Marchons, et je réponds que tout »le monde me suivra. » Il parla alors allemand à ses soldats ; le calme se rétablit, et on continua la marche. Cette colonne, faite prisonnière par cinquante hommes, était composée du régiment de ligne impérial Kerbeck et d'un corps franc.

— BONAPARTE, en quittant l'Egypte, laissa à Kléber le commandement en chef de l'armée. Ce général n'ayant point de forces suffisantes à opposer au grand-visir qui s'avançait à la tête de quatre-vingt mille hommes et de soixante pièces de canon, est contraint de négocier; il convient avec le commodore Sidney Smith que nos soldats seront ramenés en

France sur des vaisseaux anglais. Fidèle au traité, il venait de livrer aux Ottomans tous les forts de la Haute-Egypte et la ville de Damiette, lorsque Sydney Smith et lord Keith, commandant de la flotte anglaise dans la Méditerranée, lui écrivent qu'un ordre du roi d'Angleterre leur défend de consentir à une capitulation, si l'armée française ne met bas les armes, n'abandonne ses vaisseaux et ne se rend prisonnière de guerre. Kléber, indigné à la lecture de cette lettre, s'écria : « Soldats, vous répondrez à cette »insolence par des victoires. »

Combat d'Ebersberg. — Après les batailles d'Eckmuhl et de Ratisbonne, l'armée française avait passé l'Inn, et, se dirigeant sur Vienne, était déjà au cœur de l'Autriche. Un corps autrichien de trente-cinq mille hommes, commandé par l'archiduc Louis et le général Hiller, menacé d'être tourné dans sa position en avant de la Traun par le duc de Montebello qui avait passé à Wels, se retira en toute hâte sur la rive droite de cette rivière et prit position au château et sur les hauteurs d'Ebersberg, qui dominent la ville de ce nom et le cours de la Traun. Mais son arrière-garde, atteinte par sept cents hommes, formant l'avant-garde du général Claparède, fut culbutée sur le pont même, qu'elle n'eut pas le temps de détruire : canons, voitures, hommes, chevaux, tout fut précipité dans la rivière par l'intrépide avant-garde qui pénètre dans Ebersberg et fait prisonniers quatre mille Autrichiens qui la défendaient. La division Claparède passe tout entière, et se porte à l'attaque du château.

Les trente mille Autrichiens qui garnissent les hauteurs sont instruits que les ducs d'Istrie, de Rivoli et le général Oudinot vont arriver sur Ebersberg; ils sont perdus si ces nouvelles troupes passent le pont : pour les en empêcher, ils mettent le feu à la ville qui, bâtie en bois, est bientôt la proie des flammes; l'incendie gagne les approches du pont, déjà même il l'embrâse, et, pour prévenir son entière destruction, les troupes qui arrivent par la rive gauche sont obligées d'en couper les premières travées.

Resté avec sept mille hommes et quatre pièces de canon sur la rive droite, l'intrépide général Claparède (1) résiste

(1) Aujourd'hui lieutenant-général, inspecteur de la première division militaire.

avec succès aux attaques réitérées de trente mille Autrichiens : trois fois il les repousse à la baïonnette et se maintient inébranlable, jusqu'à ce qu'enfin le pont, rétabli, permette aux troupes de la rive gauche de venir à son secours. Le général Legrand, avec les vingt-cinquième légère et dix-huitième de ligne, passe le premier, et se porte aussitôt sur le château que défendaient huit cents Autrichiens. L'incendie le devance, il atteint le château, et ces huit cents hommes périssent dans les flammes. Pendant que le général Legrand dégageait le général Claparède, Napoléon arrivait par la rive droite avec la cavalerie que précédait le général Durosnel, à la tête de mille chevaux. L'ennemi, menacé d'une entière destruction s'il reste plus long-temps dans sa position, se retire en toute hâte sur Enns dont il brûle le pont, ayant perdu à Ebersberg douze mille hommes, dont sept mille cinq cents prisonniers.

La courageuse défense du général Claparède est un des plus brillans faits d'armes de nos annales militaires; elle soutint noblement la réputation que ce général s'était déjà acquise, et qu'il a conservée jusqu'à ce jour.

— A la prise de Verdun par les Prussiens, en 1792, le colonel Beaurepaire, voyant que les habitans étaient résolus de se rendre, se brûla la cervelle dans le conseil. Le général Lemoine s'enferma dans la citadelle, et soutint, avec le brave Marceau, un bombardement de quinze heures. Enfin la ville se rendit. Le général Lemoine ne sortit de la citadelle qu'à condition qu'on lui laisserait emporter ses armes, ses bagages, deux pièces de canon de quatre avec leurs caissons, et un fourgon pour y transporter le corps de Beaurepaire. Marceau perdit à ce siége ses équipages, ses chevaux, son argent. Que voulez-vous que l'on vous rende? lui dit un représentant : « Un sabre nou» veau pour venger notre défaite, » répondit Marceau.

— A la bataille de Torfou, donnée le 29 septembre 1763, SCHOUARDIER, lieutenant-colonel des chasseurs de Saône-et-Loire, donna une preuve de dévoûment sans exemple. Le général Kléber, qui voulait se rendre maître d'un ravin, fait appeler Schouardier, et lui dit : « Prends » une compagnie de grenadiers, arrête » l'ennemi devant un ravin; tu te feras » tuer, et tu sauveras tes camarades. — » Oui, mon général, » répondit cet officier avec une soumission héroïque.

Schouardier fait volte face, pose deux pièces de huit dans le défilé, les fait servir avec vivacité, demeure longtemps immobile dans ce poste périlleux, *et y meurt avec cent de ses compagnons.* La traite des Français fut assurée.

— Un grenadier de la vieille Garde dit un mot assez plaisant. Un Russe lui dit qu'il combattait avec plaisir contre les Français pour la défense de sa patrie. Le grenadier, en jetant ses regards sur ces déserts affreux couverts de neige et de glace, dit en riant à ses camarades : « Ils appellent ça une patrie! »

— A l'affaire de Montereau, en 1814, un régiment de dragons d'Espagne et des gardes nationales bretonnes, qui voyaient le feu pour la première fois, rivalisèrent de sang froid avec la vieille Garde, et décidèrent la retraite du prince de Wurtemberg, qui l'opéra avec une perte énorme en traversant Montereau au milieu du feu qui partait de toutes les maisons, et qui pava les rues de cadavres entassés.

— Après les terribles combats de Montmirail et de Champ-Aubert, le gouvernement, voulant donner à Paris le spectacle d'une sorte de triomphe, on fit entrer en plein jour le général Alsufieff et d'autres officiers de marque ; on y promena, le 18 février, le long des boulevards, une colonne de six mille prisonniers. Les Français, qui ne voient plus que l'homme dans l'ennemi malheureux et désarmé, se signalèrent en cette occasion d'une manière d'autant plus noble, que ce même ennemi traitait nos campagnes, et aurait probablement alors traité

Paris avec beaucoup moins d'humanité. Toutes sortes de secours furent prodigués à cette colonne : on crut dans le temps que le gouvernement en avait été plus surpris que satisfait, et que ce n'était pas là l'effet qu'il avait voulu produire.

— Au siége de Paris, un détachement de jeunes conscrits qui se battaient pour la première fois, reprit trois fois le bois de Romainville à la baïonnette.

— Au même siége, quatre cents grenadiers de la vieille Garde, placés en tirailleurs, protégeaient les troupes légères qui étaient sur les hauteurs de Montmartre; mais ces braves, attaqués par deux régimens de cavalerie, et forcés de se former en carré pour les recevoir, après en avoir soutenu et repoussé deux charges, furent enfoncés et dispersés à la troisième, et l'ennemi s'élança sur la montagne. La garde nationale qui en occupait aussi le sommet, résista encore quelques instans, et repoussa la première charge ; voyant néanmoins les forces supérieures accourir de tous côtés, elle rentra dans Paris vers six heures du soir avec ce qui restait de troupes, ramenant deux canons après avoir encloué les quatre autres. Le maréchal Moncey qui avait ordonné cette retraite, resta hors de la barrière, exposé au feu des ennemis, jusqu'à ce qu'il ne vît plus un seul garde national.

— Le même jour, cinquante hommes de la vieille Garde qui encore étaient presque tous estropiés, gardaient le pont de Neuilly. A deux heures, ils avaient été attaqués par deux mille hommes et quatre canons. Sommés plusieurs fois de se rendre, ils répondirent toujours que les Russes devaient savoir que la vieille Garde, même en nombre inférieur, n'avait jamais blanchi devant eux, et ils conservèrent le pont, qu'ils n'abandonnèrent que le lendemain matin, quand ils apprirent la capitulation de Paris.

BATAILLE DE TOULOUSE.

L'Europe coalisée était enfin parvenue, après vingt ans d'efforts sans cesse renaissans, à rejeter dans le sein de la France le fléau dévastateur de la guerre. Au nord et à l'est, neuf cent mille alliés (1) pe-

---

(1) Autriche........................ 200,000 hommes
Russie............................ 250,000

saient de tout leur poids sur notre malheureuse patrie. Au midi (1) une armée de cent trente mille Anglais, Espagnols et Portugais, s'avançait victorieuse au cœur de nos provinces.

Telle était au commencement de 1814, la France naguère si puissante. Qu'avait-elle à opposer à ce débordement d'ennemis? Le courage désespéré de cent

---

Prusse........................	200,000 hommes
Les divers Etats d'Allemagne........................	200,000
Suède........................	30,000
Hollande........................	20,000
Danemarck........................	10,000

(1)

Anglais........................	40,000
Espagnols et Portugais..	90,000

vingt-cinq mille soldats (1), débris glorieux de ses vaillantes armées.

Le maréchal Soult commandait un corps de vingt-cinq mille hommes dans les Pyrénées occidentales, mais trop faible pour tenir la campagne devant lord Wellington qui commandait cent mille Anglais, Espagnols ou Portugais,

---

(1) En Champagne avec Napoléon.............. 60,000 hommes
En Picardie, avec le général Maison...... 10,000
En Dauphiné et Provence, avec Augereau.... 15,000
Aux Pyrénées occid., avec le maréchal Soult. 25,000
Aux Pyrénées orient. avec le maréc. Suchet.. 15,000

il avait été obligé de se replier successivement de la Bidassoa sur la Nive, de la Nive sur l'Adour, et enfin forcé encore dans ses positions de Saint-Sever, laissant Bordeaux à découvert, il s'était porté rapidement sur Toulouse par la route de Tarbes. Lord Wellington sachant qu'aucune troupe ne défendait les approches de Bordeaux, détacha de son armée le général Béresford avec dix mille hommes, et le chargea de s'emparer de cette ville. Pour lui, fidèle à son plan de prudence, il se contenta de suivre le mouvement du maréchal Soult sur Toulouse. Deux routes y conduisaient, celle par Saint-Gaudens, qui fait un quart de cercle, et celle par Auch qui est directe. Le maréchal Soult qui ne voulait pas trop s'éloigner du maréchal Suchet, qu'il supposait auprès de Perpignan, prêt à se joindre à lui, suivit la route par Saint-

Gaudens. En prenant ce parti, le duc de Dalmatie s'exposait à ce que son ennemi, maître de suivre la route par Auch, totalement libre, n'y portât un corps de troupes qui, arrivé sous Toulouse avant l'armée française, ne la forçât à se jeter dans les montagnes de l'Arriège, pour éviter d'être prise en tête et à dos. Mais le maréchal connaissait son adversaire; il suivit donc son plan avec sécurité, et arriva sous les murs de Toulouse avec une armée que les combats, livrés depuis les frontières d'Espagne, avaient réduite à vingt mille hommes. C'était avec cet e poignée de braves, que le maréchal alla t livrer une sanglante et glorieuse bataille contre un ennemi cinq fois plus nombreux.

Toulouse, situé sur la rive droite de la Garonne, à l'embouchure du canal du Languedoc dans ce fleuve, n'avait aucune des fortifications nécessaires à l'exécution des plans de Soult. Mais le maréchal, profitant de la lenteur avec laquelle son ennemi le suivait, eut bientôt élevé un camp retranché autour de la Ville. Les soldats tenant leurs fusils d'une main travaillèrent de l'autre. Une partie de la garde nationale de Toulouse, les étudians en droit et en médecine, émus des dangers de la patrie, quittèrent leurs paisibles occupations pour élever des remparts qui devaient foudroyer l'ennemi. A l'aspect de l'étranger, ils se souvinrent tous qu'ils étaient Français, et tous volèrent à la défense de leurs foyers. Le maréchal Soult plaça d'abord sa petite armée sur la rive gauche de la Garonne dans la forme d'un fer à cheval, entre les routes de Saint-Gaudens et d'Auch; sa gauche au chemin de Muret, et sa droite à une lieue en avant de Toulouse, défendant les approches du faubourg Saint-Cyprien.

Ce faubourg fut fermé en entier par des ouvrages de campagne, appuyés sur deux fortes redoutes, dont l'une fut élevée à la tête du beau pont qui joint ce faubourg à la ville, et l'autre sur la route d'Auch. Présumant bien que l'ennemi, passant la Garonne au-dessous de Toulouse, l'attaquerait sur la rive droite de ce fleuve, le maréchal fit construire trois redoutes aux trois ponts situés sur le canal du Languedoc qui, faisant un demi-cercle autour de Toulouse et se jetant au-dessous de cette ville dans la Garonne, la défend au nord et à l'est. Profitant de tous les avantages que lui présentait le terrain, le maréchal fit construire sur un côteau qui domine le canal au nord et à l'est, cinq redoutes liées entre elles par des lignes retranchées, et battant sur la rive droite de la Garonne et du canal. Tous les ponts sur la rivière d'Ers, qui coule parallèlement au canal et à la Garonne, et par où l'ennemi aurait pu déboucher, furent minés et détruits. La Garonne, l'Arriège et un terrain marécageux, défendant naturellement Toulouse vers le midi, le maréchal jugea inutile d'élever aucun ouvrage autour du faubourg Saint-Michel. Concentrant alors son armée, il en fit passer une partie sur la rive droite pour occuper les retranchemens qui y étaient établis; appuya la gauche du corps qui restait sur l'autre rive au cimetière Saint-Cyprien, la droite à l'embouchure du canal du Languedoc, et attendit l'armée ennemie.

Si l'on considère que des retranchemens aussi nombreux, des lignes aussi formidables, furent établies en trois jours, on sera étonné de ce que peuvent le patriotisme des citoyens et l'ardeur des soldats français dirigés par un habile général.

Rien n'avait troublé l'armée française dans ses travaux depuis son arrivée devant Toulouse, et tout était terminée lorsque l'ennemi parut enfin le 6 avril.

Lord Wellington dut éprouver quelques regrets du peu d'activité qu'il avait mis à profiter de ses avantages, lorsqu'il aperçut les Français derrière leurs retranchemens. Cependant il fallait les attaquer, mais l'entreprise ne paraissait pas facile. Le général anglais, voyant que le faubourg Saint-Michel n'était pas fortifié, pensa que les Français n'en avaient pas eu le temps; le regardant dès-lors comme le point faible, il voulut en essayer les approches. En conséquence, il détacha quinze mille hommes sur la route de Foix dans le dessein de s'emparer de celle de Carcassonne, et tournant Toulouse par sa droite, d'attaquer le faubourg Saint-Michel. Un pont volant jeté au village de Pinsoguel, transporta ce corps sur la rive droite ; mais le mauvais état des chemins, le débordement de l'Arriège et les marécages, ne permirent ni à l'artillerie, ni à la cavalerie anglaise d'avancer. Convaincu alors que son projet était impraticable, Wellington rappela ses quinze mille hommes, et se décida à attaquer l'armée française par la rive droite, au nord et à l'est, dans ses positions sur le canal, comme le point qui lui paraissait le moins redoutable. Le général Béresford ayant rejoint l'armée alliée, elle jeta, dans la nuit du 7 au 8 avril, un pont de bateaux sur la Garonne, au-dessous de Toulouse, près du château de Blagnac; et dans la nuit même, le général Freyre, avec un corps espagnol de quinze mille hommes, passa sur la rive droite. Dans la journée du 8, ce corps s'empara de la route de Montauban et s'approcha de la rivière d'Ers. Le 9, toute l'armée alliée passa sur la rive droite, à l'exception du corps commandé par les généraux Hill et Picton, qui resta sur la rive gauche, chargé d'attaquer le faubourg Saint-Cyprien. Le maréchal Soult, voyant que les plus grands coups allaient se porter sur la rive droite, ne laissa dans les retranchemens de Saint-Cyprien, que les deux divisions commandées par le général Reille, et porta dans les retranchemens sur l'autre rive, toutes les troupes dont il put disposer.

Dans la journée du 9, les divisions françaises furent placées dans les positions qu'elles devaient occuper pendant la bataille, en avant des retranchemens sur la rivière d'Ers : les généraux Daricau et Maransin, s'appuyant à l'embouchure du canal, commandaient la gauche de l'armée. Le comte d'Erlon, ayant sous ses ordres les généraux d'Armagnac et Villate, commandait le centre; l'aile gauche était confiée au général Clausel, ayant sous ses ordres la division du général Taupin et la cavalerie de l'armée, dont on ne put tirer de parti avantageux, les localités ne le permettant pas. Le maréchal Soult se plaça de sa personne au centre sur la redoute la plus élevée, afin d'embrasser d'un seul coup-d'œil toute la ligne, et d'en diriger les mouvemens.

Le 10 avril, à sept heures du matin, le combat s'engagea sur toute la ligne. L'extrême gauche française, attaquée près de l'embranchement du canal, fit bonne contenance et ne put être débusquée de ses positions à la tête du premier pont sur le canal.

Le général Béresford ayant passé l'Ers remonta cette rivière, et, cherchant à arriver sur notre droite afin de la tourner, attaqua vivement la division Villate; ce général défendit le terrain pied-à-pied, et se retira, après une belle défense, dans la ligne des redoutes.

Le général espagnol Freyre, dont le mouvement était combiné avec celui du général Béresford, le voyant aux prises avec le général Villate, se porta sur la division du général Darmagnac, et l'attaqua par un grand feu d'artillerie sur son centre et vers sa gauche. Les Français, étonnés un instant, se remettent bientôt; ils s'élancent hors des redoutes, se précipitent sur les masses espagnoles et portugaises qu'ils ont vaincues tant de fois ; et, comme aux jours de leurs conquêtes, ils les pressent, les forcent à reculer, les mettent en fuite et en font un horrible carnage. Le général espagnol, dont la voix est méconnue, obligé lui-même de fuir avec ses soldats, ne peut les rallier que sur les bords de l'Ers.

Pendant que le général Béresford tentait de se porter sur notre droite, et que le général Freyre attaquait notre centre, une colonne anglaise se portait sur les retranchemens de notre extrême gauche. Elle avançait avec sécurité, lorsque arrivée à peu de distance de la redoute établie au premier pont sur le canal, elle est tout-à-coup écrasée par une grêle de mousqueterie et de mitraille. La terreur et la mort planent sur cette colonne ; la terre, couverte de cadavres, est rouge de sang. Les Anglais fuient ; mais leur fuite, aussi désastreuse que leur mouvement offensif, ne les soustrait pas à la mort qu'ils veulent éviter : ils tombent par centaine ; la mitraille dévorante les atteint encore au loin, et de cette nombreuse phalange il ne reste plus que quelques soldats.

Sur la rive gauche, on se battait avec autant de valeur : les généraux Hill et Picton n'avaient pu débusquer le général Reille de ses positions dans le faubourg Saint-Cyprien, et, toute la journée, les deux partis furent aux prises sur le même terrain.

Le maréchal Soult qui s'était aperçu du projet du général Béresford, avait fait renforcer sa droite. Le général anglais qui, depuis le matin n'avait rien entrepris de décisif sur ce point, ayant reçu de l'artillerie, fit attaquer vers midi la première redoute, appelée *la Pujade;* d'abord repoussé avec de grandes pertes, il reçoit des renforts et marche de nouveau vers la redoute. Les Français, prêts à être cernés par leurs trop nombreux ennemis, l'évacuent; mais, soutenus par des troupes fraîches, ils l'attaquent à leur tour, et, malgré les efforts des Anglais, ils les chassent et s'en emparent. Wellinton qui voit ce qu'il en coûte pour vaincre les Français, hésite un moment et donne quelque repos à ses troupes; mais sentant l'importance de la redoute dont il n'a pu s'emparer, il y porte toutes ses forces. Les deux partis se heurtent avec violence; dans les fossés, sur la redoute, on se bat presque corps-à-corps. Les combattans ne portent plus sur la terre, ils foulent de tous côtés les cadavres de leurs ennemis et de leurs compagnons;

enfin, après une affreuse boucherie, le nombre l'emporte, et les Français presque tournés sont obligés d'abandonner la redoute.

Ce succès, acheté au prix de tant de sang, donnait enfin au général Béresford la possibilité de tourner notre aile droite. Lord Wellington, pour lui en faciliter les moyens, fit attaquer à-la-fois, par toute son armée, les quatre redoutes dont nous étions encore en possession.

Les Français résistèrent courageusement à cette attaque générale, et leur mitraille, éclaircissant les rangs ennemis, les empêcha de se porter sur les retranchemens. Cependant le maréchal Soult qui avait deviné les projets du général Béresford; prit ses dispositions pour l'en faire repentir.

Il était trois heures et sur toute la ligne on se battait avec acharnement. Le maréchal ordonna à la division Taupin de sortir de ses retranchemens, de se porter en avant et de s'embusquer derrière des haies. Ce mouvement avait pour but de laisser le général Béresford s'engager entre nos redoutes et l'Ers, et, le plaçant ainsi entre deux feux, de couper sur ce point la ligne ennemie. Trop de valeur fit échouer un projet qui devait nous assurer la victoire.

Le général Taupin ne put résister au désir de fondre sur les Anglais qu'il voyait si près de lui; il sortit trop tôt du lieu où il était embusqué, et tombant avec fureur sur l'ennemi qui n'était pas encore engagé, il l'empêcha de commettre une faute qui allait lui devenir funeste.

Le général Béresford, d'abord étonné, attaqua à son tour la division T upin qui, trop faible pour résister à des forces si disproportionnées, se retira en désordre sur ses retranchemens. Le général Taupin fut tué dans la mêlée, et Béresford, que la fortune venait de protéger, continua son mouvement pour tourner notre aile droite. Le maréchal Soult fit soutenir la division du général Taupin, mais il n'était plus temps. L'armée alliée, trop supérieure en nombre, avait l'avantage, et l'imprudence du général Taupin assurait à nos ennemis le succès de la journée.

La nuit arriva, et sur toute la ligne fit cesser une bataille opiniâtre qui, pendant douze heures, avait fait couler des flots de sang.

Dire que dans cette journée mémorable, généraux, officiers et soldats firent tous des prodiges de valeur, serait inutile, lorsque déjà nous avons fait connaître la force numérique de chacune des deux armées.

Cependant la position de l'armée française était critique ; elle occupait encore, à la vérité, quatre des cinq redoutes qui bordaient le front de la ligne ; mais sa droite ayant été tournée, elle pouvait le lendemain être attaquée sur son flanc droit par la route de Castelnaudary, sur laquelle l'ennemi devait s'être porté le soir même de la bataille. Pressé ainsi de tous côtés, n'ayant derrière lui que le pays de l'Arriège, impraticable dans cette saison, le maréchal Soult sentit qu'il fallait vaincre ou mourir sous les murs de Toulouse. Sans s'étonner du nombre de ses ennemis, il se prépara de nouveau au combat, fit abandonner les redoutes qui, dans sa nouvelle position, lui étaient plus dangereuses qu'utiles, et concentra son armée sous les remparts de la ville. Le canal le séparait des alliés. Le jour paraît, mais rien n'annonce aucun mouvement hostile de leur part; on les voit, paisibles dans leur camp, s'occuper de faire enterrer leurs morts et de détruire nos ouvrages. Les reconnaissances envoyées sur la route de Castelnaudary rentrent et annoncent que l'ennemi n'y a point paru. Etonné d'une pareille faute, le maréchal en profite, fait ses dispositions de retraite; dans la nuit du 11 au 12, il l'effectue sans obstacle, et arrive à Castelnaudary sans avoir été inquiété.

Ainsi se termina cette sanglante journée pendant laquelle vingt mille Français résistèrent glorieusement à cent mille ennemis. La perte de ces derniers fut énorme; de leur propre aveu, elle s'éleva à dix-huit mille hommes; notre armée n'en eut que deux mille cinq cents hors de combat.

On a dit et on a écrit (1) que lord Wellington n'avait laissé libre la route de Castelnaudary, dont il pouvait s'emparer, que pour faciliter la retraite du maréchal Soult, et qu'il ne l'avait point attaqué dans cette retraite, pour ne pas verser le sang français. Ces contes, dignes de figurer dans ceux de Perrault, peuvent être écoutés par les bonnes et les enfans; mais tout individu qui a atteint l'âge de raison, rit de ces niaiseries et de la maladresse des soi-disant historiens qui naïvement les racontent. Si Wel-

(1) M. Alphonse de Beauchamps, dans son *Histoire de la Campagne de 1814*.

lington ne voulait pas verser le sang français, pourquoi attaquait-il Soult sous Toulouse ? ou, si cette horreur du sang lui était subitement venue le jour de la bataille, pourquoi, deux jours après, lorsque le maréchal, en sûreté, lui fit demander une suspension d'armes afin de pouvoir vérifier les évènemens arrivés à Paris, lui refusa-t-il cette suspension, et le fit-il suivre par deux divisions de son armée ?

On eût peut-être mieux fait de dire qu'effrayé de la résistance opiniâtre d'une poignée de soldats, lord Wellington avait craint de les réduire au désespoir : on eût du moins coloré de quelque vraisemblance la faute que commit ici le général anglais.

Du haut des remparts de Toulouse,

les habitans consternés avaient vu tous les mouvemens des deux armées.

Les étudians en droit et en médecine qui avaient travaillé à la construction des retranchemens, partagèrent encore les périls de la journée. Plusieurs périrent sur le champ de bataille, où ils allaient relever les blessés. Les femmes même, animées du plus noble patriotisme, couraient de rang en rang porter des rafraîchissemens et des secours aux soldats, et déchiraient leurs propres habits pour couvrir leurs blessures. La garde nationale s'acquitta de tous ses devoirs dans cette grande journée, en maintenant l'ordre dans l'intérieur de la ville.

Parmi les traits glorieux qui, dans ce jour mémorable, illustrèrent le nom français, il en est un qui, sortant de la nature ordinaire des traits de valeur sur le champ de bataille, mérite une mention particulière.

Le général Berton, se retirant sur la rive gauche de l'Ers avec la cavalerie légère sous ses ordres, pour arrêter la poursuite de l'ennemi, devait faire sauter le pont déjà miné sur cette rivière. Il fait mettre le feu à la mèche, et se porte rapidement hors d'atteinte de l'explosion. Quelques minutes se passent, et le pont est encore intact. Ce retard, qui pouvait être funeste à l'armée, excitait la plus grande inquiétude. Le nommé Vincent, maréchal-des logis au 22e régiment de chasseurs, témoin de l'anxiété de son général, de son propre mouvement se précipite vers le pont, suivi d'un seul chasseur qu'il appelle pour tenir son cheval, met pied à terre près de la foudre qui pouvait éclater ; examine la mèche de la fougasse, qu'il trouve éteinte, bat le briquet, la rallume avec de l'amadou, saute à cheval et s'éloigne. Il n'était pas à dix pas que l'explosion eut lieu. Heureusement Vincent ni son courageux compagnon n'en furent atteints. Touché de tant de courage, le général Berton embrasse Vincent, qui reçut ainsi la plus douce récompense qui puisse flatter un cœur généreux. Vincent est maintenant à Marseille, retiré dans ses foyers.

FIN.

CH. BAUDOUIN, IMPRIMEUR.

www.ingramcontent.com/pod-product-compliance
Ingram Content Group UK Ltd.
Pitfield, Milton Keynes, MK11 3LW, UK
UKHW012023240726
13965UKWH00002B/530

9 782013 385596